Un président chez le roi

De Gaulle à Trianon

Cette exposition a été réalisée en partenariat avec le Mobilier national et Manufactures nationales des Gobelins, de Beauvais et de la Savonnerie

Établissement public du château, du musée et du domaine national de Versailles
Catherine Pégard, *Présidente*
Béatrix Saule, *Directeur-conservateur général*
Thierry Gausseron, *Administrateur général*

Mobilier national et Manufactures nationales des Gobelins, de Beauvais et de la Savonnerie
Hervé Barbaret, *Directeur*
Christiane Naffah-Bayle, *Directrice des collections, Conservateur général du patrimoine*
Jérôme Poulain, *Secrétaire général*

Commissariat

Karine McGrath, *Chef du service des archives de l'Établissement public du château, du musée et du domaine national de Versailles*
Jean-Jacques Gautier, *Inspecteur des collections au Mobilier national*
Marie-France Noël-Waldteufel, *Ingénieur de recherche honoraire*
Marie-Amélie Tharaud, *Conservateur du patrimoine, inspecteur des collections au Mobilier national*

Scénographie

Jérôme Dumoux

Éclairage

Éric Gall

Avec le concours des Ateliers de l'Établissement public du château, du musée et du domaine national de Versailles
Éric de Meyer, Éléonore Boscassi, Philippe Cuciniello, Sylvain Molfessis, Médéric Foulon, Jérôme Lebouc, Laurent Jannin, Florence Muzellec, Julia Potier
Et avec la participation de Noémie Wansart et Marc Faucheux

Avec le concours des Ateliers du Mobilier national et Manufactures nationales des Gobelins, de Beauvais et de la Savonnerie
Sylvie Desrondaux, Philippe Besnard, Patricia Boussenec, Gilles Chausse, Laure Dauvier, Jean-Manuel Guérard, Daniel Jalu, Laurence Montlouis
Ainsi que tous les agents des ateliers de restauration

Mise en œuvre

Direction du développement culturel
Denis Verdier-Magneau, *Directeur*
Silvia Roman, *Chef du service des expositions*
Claire Bonnotte, Cesar Scalassara, Émilie Neau, Laura Dubosc et Camille Lanciaux
Avec la collaboration des services de l'Établissement public du château, du musée et du domaine national de Versailles, ainsi qu'avec celle du Mobilier national et des Manufactures nationales

L'exposition a pu être réalisée grâce à la générosité des prêts des institutions et des collectionneurs suivants :
Nanterre, Bibliothèque de documentation internationale contemporaine
Paris-La Courneuve, Archives des Affaires étrangères
Paris, Archives André Holleaux
Paris, Archives nationales
Paris, Bibliothèque littéraire Jacques-Doucet
Paris, Château de Champs-sur-Marne, Centre des monuments nationaux
Paris, Mobilier national et Manufactures nationales des Gobelins, de Beauvais et de la Savonnerie
Paris, Musée de l'Armée
Paris, Musée de l'Ordre de la Libération
Paris, Présidence de la République
Versailles, Bibliothèque municipale
Collection Paul-Henri Moisan
Collection Jean-Maurice Sacré

Le commissariat de l'exposition assure de sa profonde reconnaissance les nombreuses personnes qui lui ont apporté leur concours et ont permis la réalisation de ce projet :
Mohamed Abdoul-Aziz, Nizamoudine Abdoul-Aziz, Marie Acquaviva, Thomas Aillagon, Élise Albenque, Martine Allain, Jean-Manuel Alliot, Michel Aubry, Pierre Aziza, Mary-Julie Barbara, Jean-Claude Barrere, Nathalie Bastière, Charlotte Bellando, Walid Benattia, Jérémie Benoît, Romain Beretti, Régis Berge, Élisabeth Berger, Louis-Samuel Berger, Marie-Alice Beziaud, Géraldine Bidault, Isabelle Bideau, Sylvie Bigoy, Richard Boidin, Louise Boisson, Guillaume Bourjeois, Patrick Brassart, Mathilde Brunel, Marion Buxtorf, Françoise Cabioc'h, Florence Cailliéret, Élisabeth Caude, Hélène Cavalié, Paul Chaine, Cyril Chareau, Isabelle Chave, Laure Chedal-Anglay, Marc Chimier, Muriel Cinqpeyres, Chantal Colleu-Dumond, Stéphanie Combaret, Chantal Coural, James Crespel, Hélène Dalifard, Véronique Daman, Yves Damé, Blandine Dechanet-Gut, Patrice Decou, Olivier Delahaye, Céline Delamotte, Benoit Delcourte, Arnaud Denis, Isabelle Denis, Pascal Dias, Frédéric Didier, Marie-Clélie Dubois, Marie-France Dupuy-Baylet, Virginie Estève, Caroline Estier, Nicole Even, Pascal Even, Marie Fekkar, Handy Fernandez, Luis Fernandez, Odile Flahaut, Frédéric Fogacci, Christophe Fouin, Charles-Louis Foulon, Robert Foulon, Marie-José Fras, Valérie Friderich, Iona Gabriel, Violaine Garcia, Thomas Garnier, Serena Gavazzi, Geneviève Gentil, Aurélie Gevrey-Dubois, Philippe Glaise, Valérie Glomet, Jacques Godfrain, Guillaume Gomez, Jacqueline Goncalves, Régis Gouget, Agnès Grelier, Victor Guégan, Anick Guyot, Jean-Philippe Harriague, Éric Hartmann, Sandra Isakovitch, Olivier Jauneau, Olivier Josse, Jean-Philippe Julien, Marie-Odile Klipfel, Maïté Labat, Kalida Lagha, Emilie Lagrange, Thierry Lamouroux, Roselyne Laurieux, Marina Le Baron-Sarasa, Pierre-Yves Le Nir, Fanny Leseche, Ariane de Lestrange, Francis Loiget, Marie-Claude Loiget, Carine Lopez, Thibault Lorenzi, Manuel Magdaléon, Élisabeth Maisonnier, Elsa Martin, Gérald Massimi, Raphaël Masson, Jean Mauriac, Samy Mebtoul, Céline Méfret, Marylène Mercier, Christian Milet, Jean-Louis Montbabu, Muriel Morizet, Jean-Pierre Nagaya, Constance Nemitz, Isabelle Noël, Valérie Noiville, Marc Nolibé, Jean-Paul Normand, Joël Normand, Agnès Ollier, Aurianne Ortiz, Églantine Pasquier, Franck Philippe, Joël Poisson, Émilie Prud'hom, Coulassegarane Ragava, Thierry Rech, Gérald Remy, Florence Renouf, Vivien Richard, Pauline de Reviers, Marlène Robinet, Patrick Roger, Hervé Rongeat, Anne Royaux, Daniel Sancho, Didier Saulnier, Christelle Schaal, Melissa Schitt, Mireille Schneider, Renaud Serrette, Violaine Solari, Armelle Templin, Carole Thommeret, John Touchet, Catherine Trouiller, Francis Valsesia, Sophie Vatar, Thierry Webley, Julie Williamson.

Avec le concours de :

Mobilier national, Manufactures nationales, Gobelins-Beauvais-Savonnerie
Yvelines Le Département
hauts-de-seine le département

Un président chez le roi

De Gaulle à Trianon

Sous la direction
de Karine McGrath

CHÂTEAU DE VERSAILLES
Gallimard

Vue aérienne du Grand Trianon, carte postale, 1955. Archives municipales de Versailles, 1 Fi 74.

SOMMAIRE

—

Préfaces
Catherine Pégard 6
Jacques Godfrain 8
Hervé Barbaret 10

De Gaulle et Malraux : le choix de Trianon 12
De Gaulle / Malraux 14
Catherine Pégard

La renaissance de Trianon 24
Un chantier présidentiel 26
Karine McGrath

Les ameublements du Grand Trianon 38
Jean-Jacques Gautier

Un décorateur pour Trianon : Serge Royaux, le « sens du palais » 52
Marie-Amélie Tharaud

Recevoir à Trianon 62
Les chefs d'État étrangers à Trianon sous la présidence du général de Gaulle 64
Isabelle Richefort

Dans les cuisines de Trianon-sous-Bois 74
Marie-France Noël-Waldteufel

Épilogue 84
Après le général de Gaulle 86
Karine McGrath

Annexes
Notes 92
Bibliographie 93
Liste d'œuvres 95

« Un président chez le roi »… Lorsque, au moment où il descend de sa DS noire, le jet d'eau déclenché par l'huissier se met à jaillir sur le parterre de Trianon, le général de Gaulle est-il amusé, séduit, ou juge-t-il simplement normal ce geste qui symbolise que l'histoire ne s'arrête pas ? En rendant Versailles à son rôle de palais national, le Général a voulu, pour reprendre les mots de son fils Philippe, « installer l'État dans sa plus haute expression » là où, pour ses hôtes étrangers, s'incarne la permanence du pays qui les reçoit. Il connaît la force des symboles : au château de Versailles, l'immuable protocole du grand dîner dans la galerie des Glaces et du concert à l'opéra royal, en grand apparat ; au Grand Trianon, l'illusion du temps qui s'arrête sur une conversation plus longue, une promenade plus détendue, un moment d'intimité partagé dans des appartements privés sans luxe et sans dorures. Le général de Gaulle illustre ici la définition de la grandeur donnée par Malraux, mélange de faste et d'expression théâtrale de l'histoire, inséparable d'une certaine austérité.

En 1966, Gérald Van der Kemp s'émerveillait que, grâce au ministre des Affaires culturelles, Trianon sorte « rajeuni de ses cendres et puisse à nouveau briller de tous ses feux ». Il saluait cet « exemple de restitution unique en France », ajoutant : « On ne peut que souhaiter qu'il devienne un modèle pour une politique générale de réaménagement et de remeublement de nos grands châteaux royaux. »

Ce vœu, les équipes du château de Versailles veulent l'exaucer sans relâche. Un demi-siècle plus tard exactement, l'aile de Trianon-sous-Bois reprend vie tandis que se dévoile un pan de son histoire figé sur le papier glacé des magazines du XXe siècle. Pour évoquer ce passé proche et pourtant un peu effacé, il fallait de nouveau ouvrir un chantier. Il a pu l'être grâce à nos mécènes, la Fondation Philanthropia, Paris Aéroport, la SNCF, Engie… Je tiens à les remercier d'avoir évité qu'une nouvelle fois « Trianon menace ruine ».

Je veux dire ma gratitude au Mobilier national, qui nous permet de retrouver les goûts d'une époque jusque dans une ingéniosité oubliée.

J'exprime ma reconnaissance à Jérémie Benoît, conservateur mobilier et objets d'art, qui s'attache à restituer le passé d'un domaine qui désormais s'impose comme une entité à part entière pour nos visiteurs du monde entier. Commissaire de l'exposition avec Jean-Jacques Gautier, inspecteur des collections au Mobilier national, Karine McGrath a découvert dans les archives les traces du passé qui, aujourd'hui, imprègne le présent qui nous enchante et, au-delà, rend à notre curiosité une part de notre histoire. Qu'elle en soit chaleureusement remerciée.

Pour conclure, on ne nous reprochera pas, je l'espère, de reprendre les mots du général de Gaulle en 1966 : « La renaissance de Trianon est une magnifique réussite. »

Catherine Pégard

Présidente de l'Établissement public du château,
du musée et du domaine national de Versailles

—

« Petit Lillois de Paris, rien ne me frappait davantage que les symboles de nos gloires : nuit descendant sur Notre-Dame, majesté du soir à Versailles, Arc de triomphe dans le soleil, drapeaux conquis frissonnant à la voûte des Invalides » (*Mémoires de guerre*, tome I). C'est peu dire que la « certaine idée de la France » évoquée par le général de Gaulle s'est nourrie d'une connaissance à la fois encyclopédique et intime de son histoire, et par un désir de l'embrasser dans sa globalité, ses figures héroïques s'appelant aussi bien Louvois que Carnot. Le château de Versailles s'inscrit spontanément dans ces « symboles » que le Général convoque, symboles d'un passé glorieux, d'un rayonnement, d'une munificence artistique et culturelle, mais aussi d'une forme de continuité nationale par-delà les siècles.

Assumant donc, à travers Versailles, la continuité de l'histoire de la France, avec tout ce qu'elle comporte de grandeur, l'époque de Louis XIV, mais aussi de heurts et de malheurs, comme la honteuse proclamation du Reich dans la galerie des Glaces le 18 janvier 1871, il n'est pas étonnant que le général de Gaulle se soit attaché, dès son accession à la présidence de la République, à mettre ses pas dans ceux de ses prédécesseurs, royaux, impériaux ou républicains, en faisant des résidences présidentielles un instrument de prestige et de rayonnement de la France. Les restaurer revenait à proclamer que sa politique de grandeur et de rétablissement de la République se réclamait aussi de ce passé monarchique dans la construction d'une plus grande gloire nationale.

Avec le concours éclairé d'André Malraux, il fait procéder ainsi à la restauration et au réaménagement des châteaux de Versailles (en particulier du Grand Trianon), mais aussi de Champs-sur-Marne, de Rambouillet, de Fontainebleau, de Chambord ainsi que du fort de Brégançon, associant étroitement à ce travail titanesque les artistes et les architectes des Monuments historiques. Cette œuvre patrimoniale devient immédiatement un atout diplomatique : le cadre prestigieux et le cérémonial déployé lors des visites de chefs d'État étrangers offrent alors à voir ce que la France a de plus beau et de plus précieux. Honorées par ces réceptions dans des demeures chargées d'histoire, des figures majeures du

XXe siècle, comme John F. Kennedy, ont pu témoigner de la forte impression que leur avaient procurée la majesté et la grandeur de l'État ainsi mises en scène de manière flamboyante.

Le Général le sait, et en joue : la restauration, aux yeux des grands de ce monde, de la grandeur de la France passe également par là. Ainsi, dans ses *Mémoires d'espoir*, le général de Gaulle décrit le sentiment d'invités reçus au château de Rambouillet : « Les hôtes, logés dans la tour médiévale où passèrent tant de nos rois, traversant les appartements qu'ont habités nos Valois, nos Bourbons, nos Empereurs, nos Présidents, délibérant dans l'antique salle des marbres avec le chef de l'État et les ministres français, voyant s'étendre sous leurs yeux la majesté profonde des pièces d'eau, parcourant le parc et la forêt où s'accomplissent depuis dix siècles les rites des chasses officielles, sont conduits à ressentir ce que le pays qui les reçoit a de noble dans sa bonhomie et de permanent dans ses vicissitudes. »

Cette œuvre permet également au peuple français de se réapproprier cet héritage, et peut-être, au miroir d'un passé glorieux, de retrouver foi en l'avenir. Quel plus bel hommage à cette « certaine idée de la France », sous plusieurs de ses aspects, que cette exposition et cet ouvrage ?

Jacques Godfrain

Ancien ministre
Président de la Fondation Charles de Gaulle

—

« La France ne peut être la France sans la grandeur. »

Par cette affirmation, le général de Gaulle s'inscrit dans une tradition qui le rattache à Louis XIV. Il n'est donc pas étonnant qu'en 1963 le Mobilier national, héritier du Garde-Meuble de la Couronne, ait été sollicité par la présidence de la République pour les nouveaux aménagements mobiliers du Grand Trianon, au sein du domaine de Versailles, destiné à servir de résidence aux chefs d'État étrangers en visite officielle en France. Pour le Mobilier national, ce fut un des plus importants chantiers depuis la Seconde Guerre mondiale, qui propulsait tout l'ancien palais de Louis XIV aux décors du Grand Siècle, avec en particulier l'aile de Trianon-sous-Bois, au rang de résidence présidentielle, à l'égal de Rambouillet ou du pavillon de chasse de Marly, dépendances de l'Élysée. L'inauguration du 10 juin 1966 est restée dans les mémoires par les articles et les reportages photographiques des journaux ou par la télévision.

Le Mobilier national, dans une organisation parfaite, une exigence de qualité permise par ses ateliers, répondit ponctuellement à cette ambition. Il devait contribuer, dans un contexte de reprise architecturale complète, à satisfaire la préoccupation majeure de la conservation du château de Versailles tout en redonnant une réalité historique aux grands appartements de Trianon, qui ne pouvaient recevoir qu'un état Empire, le seul dont les meubles étaient encore dans les collections publiques françaises.

L'ampleur du chantier qui affecta tout le Grand Trianon témoigne de l'excellence des compétences du Mobilier national. Il fallait, en dehors de la partie réservée aux chefs d'État étrangers et de celle, plus historique, destinée à être encore visitée par le public, pourvoir à l'ameublement de l'aile de Trianon-sous-Bois. Il s'agissait de sept pièces au rez-de-chaussée, huit à l'étage, desservies par deux larges couloirs et complétées par de nombreux petits volumes de dégagement et des salles de bains. Ces deux niveaux nécessitèrent plus de quatre-vingts meubles d'ébénisterie, une centaine de sièges et de nombreux bronzes, sans compter la confection de rideaux et de voilages. Le général de Gaulle témoigna à l'inauguration de sa satisfaction, qu'il manifesta par des remerciements adressés aux trois principaux coordinateurs de l'opération : l'administrateur général du Mobilier national Jean Coural, l'architecte Marc Saltet, le conservateur Gérald Van der Kemp.

Aujourd'hui, l'exposition organisée pour rappeler ce moment particulier nous fait prendre conscience de la signification historique de cette initiative présidentielle. En effet, bien que reliée à un passé immédiat, elle éclaire avec talent ce lieu témoin de moments importants de l'histoire de la France contemporaine. Le général de Gaulle y reçut le président des États-Unis Richard Nixon, la reine d'Angleterre Élisabeth II, le shah d'Iran. En mars dernier, François Hollande y accueillait le président chinois Xi Jinping.

Ce n'est pas un des moindres intérêts de ce catalogue que de donner à ce qui fut une entreprise administrative, artisanale et politique sa juste place dans le contexte de l'époque. Celui de la Ve République et de son président Charles de Gaulle, secondé de personnalités tout aussi fondatrices comme celle, si déterminante, d'André Malraux, alors ministre d'État chargé des Affaires culturelles. Cette exposition est également l'une des nombreuses illustrations de l'étroite collaboration entre le Mobilier national et les palais de l'État, hauts lieux de l'histoire de France, au premier plan desquels figure le musée du château de Versailles et de Trianon.

Je tiens à remercier très vivement les commissaires pour avoir rendu possible cette remarquable initiative : Karine McGrath, chef du service des archives de l'Établissement public du château, du musée et du domaine national de Versailles, ainsi que Jean-Jacques Gautier, inspecteur au Mobilier national.

Hervé Barbaret

Directeur du Mobilier national

De Gaulle et Malraux : le choix de Trianon

Fig. 1. Le général de Gaulle et André Malraux devant le péristyle du Grand Trianon à l'occasion de la visite du général Aref, président de la République irakienne, le 9 février 1968. Paris, Archives nationales, AG/5(1)/SPH/58.

Pages précédentes. Vue des jardins du Grand Trianon, 1969. Archives du château de Versailles, 03002/PH54.

De Gaulle / Malraux

Catherine Pégard

C'est le dialogue qui nous manque. On voudrait les imaginer longeant le Grand Trianon et arrivant sur l'esplanade où se trouve le modeste perron qui ouvre l'aile de Trianon-sous-Bois. Ils évoqueraient l'intimité voulue en ces lieux par Louis XIV, les cruautés de la Palatine ou le vague à l'âme de Napoléon sans Joséphine… Quelques pages des *Chênes qu'on abat*… Mais, hélas, André Malraux n'a pas recomposé cette première visite du général de Gaulle à Trianon, le jeudi 3 août 1961, à l'improviste. Il en reste quelques impressions saisies sur le vif par Jean-Louis Humbaire, architecte adjoint du château de Versailles, qui, ce jour-là, n'attend que le ministre des Affaires culturelles et apprend peu avant son arrivée que le président de la République l'accompagnera. Deux silhouettes. Les enjambées du général de Gaulle devançant son monde et même la haute stature de Gérald Van der Kemp, conservateur en chef du musée. L'intendance intellectuelle suit, si l'on ose dire : comme toujours, Malraux décrypte, met en forme le dessein présidentiel. Van der Kemp est frappé par cette « relation de camaraderie de style militaire et d'admiration mutuelle ». Cette profonde connivence que mentionnent tous ceux qui les voient ensemble (*fig. 3*) imprègne ce projet dont Malraux va être le maître d'œuvre. Il s'agit d'aménager une résidence pour les chefs d'État étrangers que la France accueille en visite officielle.

Un temps, plus court que la rumeur – elle, persistante –, le temps d'en balayer la pertinence, le Général a songé s'installer à Trianon (*fig. 2*). Il n'aime pas l'Élysée, trop exigu, incommode pour « une résidence devenue très active ». « L'Élysée, écrit-il dans les *Mémoires d'espoir*, est maintenant enclavé dans la capitale, ce qui, compte tenu des servitudes que m'imposent conjointement la sécurité, le protocole, la circulation, la curiosité publique, fait qu'en somme j'y suis enfermé. » Madame de Gaulle, elle, s'y sent comme à l'hôtel. Et puis, et surtout, note le Président, « peu de grands événements y ont laissé leur souvenir, à l'exception, non exemplaire, de l'ultime abdication de Napoléon Ier et du déclenchement, par son neveu, du coup d'État du 2 décembre ». Le général de Gaulle confie à son fils que le legs que Madame de Pompadour fit au roi n'est pas un lieu pour gouverner. C'est une résidence plus faite pour les dames que pour représenter « la majesté du peuple français ».

Mais où s'installer ? De Gaulle tranche d'un mot. Versailles serait « excessif » ; Trianon « menace ruine ». Et Philippe de Gaulle précise drôlement : « Il ne s'agit pas de jouer au petit Roi-Soleil. » Le général de Gaulle restera donc dans le « vieil Élysée ». Mais, dès 1959, l'architecte en chef du domaine de Versailles, Marc Saltet, réfléchit à la possibilité de recevoir les chefs d'État étrangers au Grand Trianon. En décidant de le restaurer pour ses hôtes en 1962, le général de Gaulle confirme Versailles dans son rôle de palais national. Il partage avec Malraux une certaine idée de Versailles, qualifié de « lieu exemplaire de la civilisation occidentale » par le ministre des Affaires culturelles. Vision d'abord historique de De Gaulle, pour qui, selon son ministre, l'histoire est avant tout « la biographie de la France » – elle est artistique et romanesque chez Malraux.

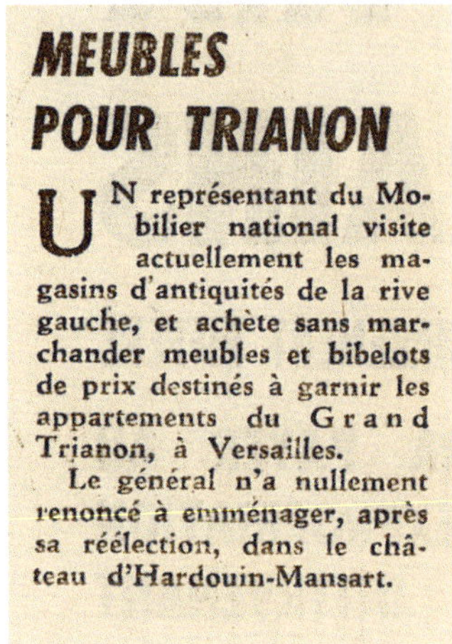

MEUBLES POUR TRIANON

UN représentant du Mobilier national visite actuellement les magasins d'antiquités de la rive gauche, et achète sans marchander meubles et bibelots de prix destinés à garnir les appartements du Grand Trianon, à Versailles.

Le général n'a nullement renoncé à emménager, après sa réélection, dans le château d'Hardouin-Mansart.

Enfant déjà, « petit Lillois de Paris », le général de Gaulle était frappé par « les symboles de nos gloires, [...] la majesté du soir à Versailles ». Il est à l'aise quand il évoque le Grand Siècle, résume Alain Larcan dans son *De Gaulle inventaire*, « celui de l'homme et non du moi, de l'État et non de l'individu, du devoir et non de la liberté, de l'honneur et non du bonheur ». Malraux, lui, convoque dans le domaine royal fantômes et esprits abandonnés : « L'ombre parée de Versailles nous cache son âme ravagée. » Tous deux exaltent la géométrie, l'ordre et l'harmonie du jardin à la française. Il leur semble naturel et impératif que Versailles reste l'emblème de la France. Qu'il le soit alors qu'il nécessite encore tant de soins, tant de restaurations, ils le lisent dans le regard de leurs hôtes qui, bien avant que de pouvoir loger à Trianon, brûlent toujours d'être reçus officiellement au château de Versailles.

On n'évoquera que la célèbre visite de John et Jackie Kennedy aux côtés de Charles et Yvonne de Gaulle, souriant au-delà de ce qu'ils s'autorisent habituellement, dans la loge du roi, à l'opéra royal, après le dîner d'État dans la galerie des Glaces (*fig. 1, p. 64*). C'est là, dit-on, que Malraux, sous le charme de la *First Lady*, accepte de laisser voyager pour la première fois *La Joconde*. Dans le merveilleux récit qu'en fait Malraux au Général et à Madame de Gaulle dans *Les Chênes qu'on abat...*, on comprend mieux que la décision fut prise là, à Versailles. *La Joconde*, « la grande icône », selon Malraux, est elle aussi un symbole. Son exposition à New York témoignera des liens particuliers entre la France et les États-Unis qui s'incarnent à Versailles. « Nous leur enverrons encore des tableaux et ça n'aura plus le même sens », lance le général de Gaulle.

Fig. 2. Article paru dans *L'Aurore*, 20 juillet 1965.
Paris, Archives nationales, AG/5(1)/1569.

Fig. 3. Charles de Gaulle et André Malraux, Paris, 1962, photographie de Gisèle Freund.
Paris, Centre Pompidou – Musée national d'art moderne – Centre de création industrielle.

copie

LE GENERAL DE GAULLE

30 DEC. 1961

pli porté p cycliste le 30.12.61 à 16h

ARCHIVES NATIONALES

Mon cher Ami,

Sachez que j'ai lu et profondément admiré votre intervention à l'Assemblée Nationale au sujet de la restauration de grands monuments historiques.

Il y a là, bien sûr, une pensée éminente, un style magnifique, une "action" fulgurante. Il y a aussi une politique et il fallait qu'elle fût et qu'elle fût celle-là. Merci.

Bien amicalement à vous.

C. de GAULLE.

M. André MALRAUX

Ministre d'Etat

Fig. 4. Lettre adressée par le général de Gaulle à André Malraux le 30 décembre 1961 au sujet de la loi-programme de 1962.
Paris, Archives nationales, AG/5(1)/1218.

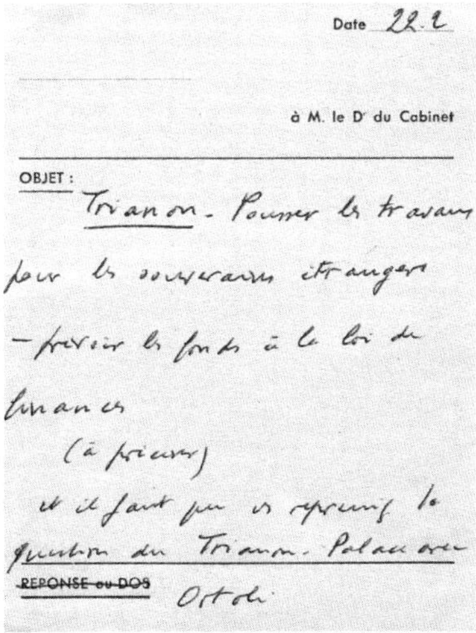
Date 22.2

à M. le Dr du Cabinet

OBJET :

Trianon - Pousser les travaux pour les souverains étrangers - prévoir les fonds à la loi de finances (à prévoir) et il faut que je reprenne la question du Trianon-Palace avec Ortoli

~~RÉPONSE au DOS~~

L'anecdote – s'il en fallait une – est révélatrice de l'importance que le général de Gaulle accorde à la représentation de la France et du pouvoir. Elle montre aussi que, pour lui, le patrimoine est vivant. En présentant ses vœux aux Français le 31 décembre 1963, le président de la République évoque « le renouveau des marques de l'histoire ». Les grands travaux qu'il confie à André Malraux, avec la loi-programme de 1962, dont Versailles est le premier bénéficiaire, en témoignent (*fig. 4*). L'idée d'aménager un appartement pour le président de la République dans l'aile de Trianon-sous-Bois l'illustre. Elle a cheminé lentement et est définitivement acceptée au début de l'année 1964 par l'Élysée.

L'influence d'André Malraux est d'autant plus grande que, après l'attentat de l'OAS qui a dévasté son appartement privé en janvier 1962, il s'est installé à la Lanterne (*fig. 6*). Il décore avec passion cette demeure qu'il adore pendant qu'il se fait chef de chantier à Versailles, en voisin et avec une particulière vigilance : « Il faut pousser les travaux pour les souverains étrangers », assène-t-il (*fig. 5*). De Gaulle suit leur évolution mais n'impose pas ses goûts, pas même dans l'aménagement de ses appartements privés. Le message transmis par Georges Galichon, son directeur de cabinet, est clair : « Je travaille pour l'avenir » (*fig. 8*). C'est ainsi qu'on découvrira dans sa chambre les lits jumeaux allongés pour être à la taille du Général, recouverts de toile d'Aix. Valéry Giscard d'Estaing évoque ce lit « étroit et interminable » dans lequel il dormira quelques années plus tard. Si l'on en croit Philippe de Gaulle, le Général, lui, ne l'aura jamais utilisé. Le souvenir pourrait-il s'en être perdu ? On sait en tout cas que Madame de Gaulle, qui redoutait le décorum, « usera toujours de son influence, selon son fils, pour qu'aucune résidence présidentielle ne puisse détourner son mari de la Boisserie, où elle pouvait le garder pour elle au milieu des siens ». Toutefois, il fallait retrouver ce décor pour reprendre le cours de l'histoire un temps interrompu, pour respecter la continuité française.

L'ambivalence du domaine voulue par les rois, la ligne de partage entre le palais de Versailles et les châteaux de Trianon sont retrouvées. À Versailles, l'intangible étiquette, le grand cérémonial, les devoirs d'État ; à Trianon, le charme de l'intimité, des confidences vraies ou fausses. Pour qu'il puisse recevoir ses invités chez lui, il fallait que le Général y fût aussi « chez lui ». On imagine Nixon, le 1er mars 1969, son dernier visiteur avant qu'il ne quitte le pouvoir, à qui il conseille, ici précisément, hors du temps mais environné d'histoire, de nouer des relations avec la Chine populaire et d'abandonner la guerre au Vietnam (*fig. 5, p. 69*).

Fig. 5. Note adressée par André Malraux à son directeur de cabinet, André Holleaux, avant le vote de la loi-programme de 1962. Paris, Archives André Holleaux.

Fig. 6. Vue du pavillon de la Lanterne à Versailles, vers 1960. Archives du château de Versailles, 03002/NV8024.

Fig. 7. Inauguration du Grand Trianon à l'occasion de la réception donnée par le général de Gaulle pour le tricentenaire de l'Académie des sciences le 10 juin 1966. Paris, Archives nationales, AG/5(1)/SPH/47.

Lors de l'inauguration, le 10 juin 1966 (*fig. 7*), Gérald Van der Kemp s'incline devant la volonté politique qui a permis de réaliser les rêves auxquels les conservateurs de Versailles n'osaient plus croire. Au milieu des louanges pour un travail magistral et exemplaire, le général de Gaulle distingue son « génial ami » : « Voilà quelles sont les richesses de la France quand elles sont remises en valeur par Malraux. » Et c'est ainsi que Trianon figure dans « le dialogue du pouvoir et du poète », cette rencontre singulière dont André Malraux disait que « nul [avant eux] ne l'avait tentée ». Ce n'est sûrement pas un hasard si le récit de sa visite à la Boisserie, un sombre soir de décembre 1969, loin du pouvoir, commence par une évocation des grands dîners de l'Élysée qu'il sentait « partir vers le néant » et de « Trianon restauré déjà hanté par le départ »…

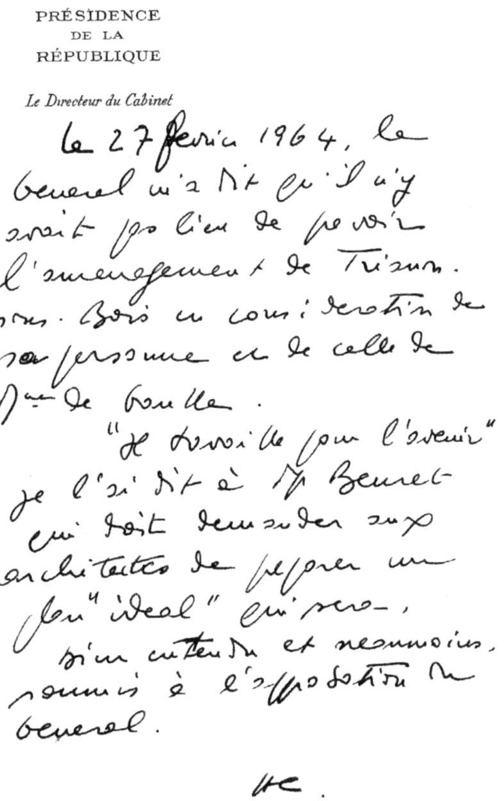
PRÉSIDENCE
DE LA
RÉPUBLIQUE

Le Directeur du Cabinet

Le 27 février 1964, le Général m'a dit qu'il n'y avait pas lieu de prévoir l'aménagement de Trianon sous Bois en considération de sa personne et de celle de Mme de Gaulle.

"Je travaille pour l'avenir" je l'ai dit à M. Beuret qui doit demander aux architectes de préparer un plan "idéal" qui sera, bien entendu et néanmoins, soumis à l'approbation du Général.

GG.

Fig. 8. Note de Georges Galichon, directeur de cabinet du général de Gaulle, 27 février 1964. Paris, Archives nationales, AG/5(1)/1569.

La renaissance de Trianon

Fig. 1. Le Salon rond pendant les travaux, 30 mai 1964.
Archives du château de Versailles, 03002/NV1191.

Pages précédentes. Vue de la galerie des Cotelle, 1980.

Un chantier présidentiel

Karine McGrath

LA GENÈSE DU PROGRAMME

—

Le 3 août 1959, le ministre des Affaires culturelles, André Malraux, vient au Grand Trianon afin d'examiner la possibilité d'en faire un lieu de résidence pour les chefs d'État étrangers reçus par la France. Le château se présente alors au visiteur sous des échafaudages recouvrant les toitures, qu'on remet en état depuis 1954. Ces travaux, financés dans le cadre du programme de sauvegarde de Versailles initié sous la IVe République par le secrétaire d'État aux Beaux-Arts André Cornu, ne sont qu'un préambule aux restaurations que l'état du Grand Trianon nécessiterait.

En traversant les différentes salles du musée, André Malraux a pu constater que, des parquets aux plafonds et aux corniches, des boiseries aux huisseries, tout doit être réhabilité. Sept ans plus tard, au printemps 1966, la transformation est réalisée (*fig. 4*). Elle a été menée par Marc Saltet, l'architecte du domaine de Versailles, Gérald Van der Kemp, le conservateur du musée, et Jean Coural, administrateur général du Mobilier national à partir de 1963 mais conservateur à Versailles jusqu'alors (*fig. 2*). Forts de l'expérience de restaurations d'envergure acquise lors de la sauvegarde des années 1950, ils ont réhabilité le Grand Trianon dans toutes ses parties, en une opération sans précédent dans son histoire tant par l'ampleur de la tâche accomplie que par l'objectif qu'elle poursuivait. Napoléon et Louis-Philippe avaient aménagé le château de Louis XIV pour leur villégiature. Cette fois, il doit être à la fois un lieu de séjour des hôtes étrangers et de grandes réceptions officielles, une résidence présidentielle pour le chef de l'État, tout en restant le musée qu'il est devenu au XIXe siècle.

Le projet, avant de parvenir à ce résultat, a subi des évolutions donnant lieu à des décisions prises au plus haut niveau de l'État. Car l'opération menée au Grand Trianon est sans conteste un projet présidentiel. La démarche d'André Malraux en août 1959 est mue par deux circonstances engendrées par le nouveau régime politique. Une fois investi président de la République, le 8 janvier 1959, Charles de Gaulle installe ses bureaux à l'Élysée. Il choisit pour cabinet de travail le Salon doré, au centre et au premier étage du bâtiment principal, et place auprès de lui ses plus proches collaborateurs, directeur de cabinet et secrétaire général[1]. Or, ces pièces forment l'« appartement royal » que Vincent Auriol avait destiné aux séjours de chefs d'État étrangers. Il devient donc nécessaire de doter la République d'un nouveau lieu d'accueil, en complément de l'hôtel des Affaires étrangères, du château de Champs-sur-Marne ou de Rambouillet, d'autant que ces événements diplomatiques participent pleinement de la politique qu'entend mener le Général pour renforcer la position de la France sur la scène internationale (entre 1959 et 1969, soixante-trois nations sont ainsi représentées par leurs dirigeants en visite officielle).

À l'issue de la visite d'André Malraux au mois d'août 1959, Marc Saltet livre un projet détaillant l'éventuel programme de résidence de chefs d'État étrangers et salons de réceptions gouvernementales[2]. Celui-ci restera tout d'abord sans suite. Puis, en janvier 1961, une nouvelle étude est demandée, complétant la première par des appartements destinés au président de la République française. En cette année 1961, la question de déplacer le siège de la présidence se pose indiscutablement. Des notes mentionnant une « résidence permanente » sont communiquées au général de Gaulle entre les mois de février et de décembre. Elles évoquent les options présentées par les châteaux de Vincennes, de Fontainebleau au même titre que celle de Trianon, et vont jusqu'à envisager une reconstruction du palais de Saint-Cloud[3]. Le 3 août, accompagné par André Malraux, le Président consacre sa journée à la visite de Fontainebleau, de Compiègne et du Grand Trianon. Des dossiers détaillant les projets lui sont remis le 10 août (*fig.* 3). Il les emporte dans sa maison de Colombey-les-Deux-Églises pour les étudier[4].

Dès le mois de février 1961, la solution du Grand Trianon avait été appuyée par le cabinet d'André Malraux, et donc très vraisemblablement par le ministre lui-même[5]. Elle est confirmée en 1962. À l'instigation d'André Holleaux, directeur de cabinet de Malraux, une réunion est organisée sur place le 13 juin en présence d'un chargé de mission à l'Élysée. Les principes des aménagements sont arrêtés, et en premier lieu le plan général d'utilisation du bâtiment. L'aile gauche accueillera bien les chefs d'État étrangers et leurs suites, comme envisagé dès 1959. Les salons destinés aux réceptions officielles, situés à droite du péristyle, seront complétés par ceux de l'aile Victoria. En effet, et c'est là la seule modification conséquente de programme, les appartements

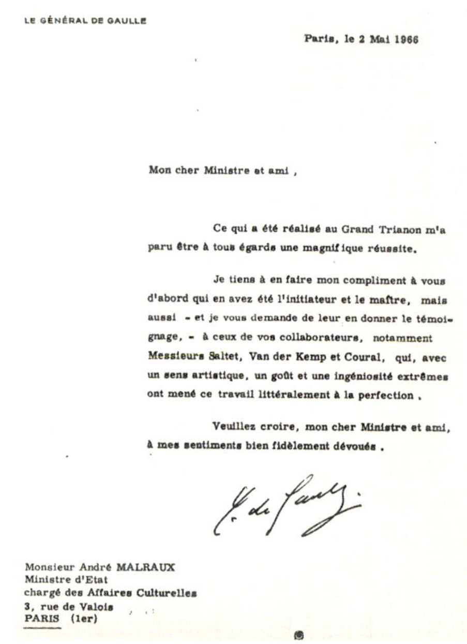

LE GÉNÉRAL DE GAULLE

Paris, le 2 Mai 1966

Mon cher Ministre et ami,

Ce qui a été réalisé au Grand Trianon m'a paru être à tous égards une magnifique réussite.

Je tiens à en faire mon compliment à vous d'abord qui en avez été l'initiateur et le maître, mais aussi - et je vous demande de leur en donner le témoignage, - à ceux de vos collaborateurs, notamment Messieurs Saltet, Van der Kemp et Coural, qui, avec un sens artistique, un goût et une ingéniosité extrêmes ont mené ce travail littéralement à la perfection.

Veuillez croire, mon cher Ministre et ami, à mes sentiments bien fidèlement dévoués.

C. de Gaulle

Monsieur André MALRAUX
Ministre d'Etat
chargé des Affaires Culturelles
3, rue de Valois
PARIS (1er)

Fig. 2. Lettre adressée par le général de Gaulle à André Malraux le 2 mai 1966, à l'achèvement des travaux du Grand Trianon. Mobilier national, carton 1060.

réservés au président de la République initialement prévus dans cette aile seront finalement aménagés à Trianon-sous-Bois. Cette solution est reconnue comme la plus judicieuse tant par l'importance des locaux que par la possibilité d'un accès indépendant. Changement notable, on évoque désormais une « résidence temporaire ».

Les travaux sont prévus en deux tranches. La première concerne les ouvrages de restauration et l'aménagement de la résidence pour les chefs d'État étrangers. La deuxième porte sur la résidence pour le président de la République et les ameublements de l'ensemble du Grand Trianon. Ces éléments seront repris le 3 août dans une note à l'attention du général de Gaulle, que le Président annotera d'un « Vu » valant approbation de l'opération[6].

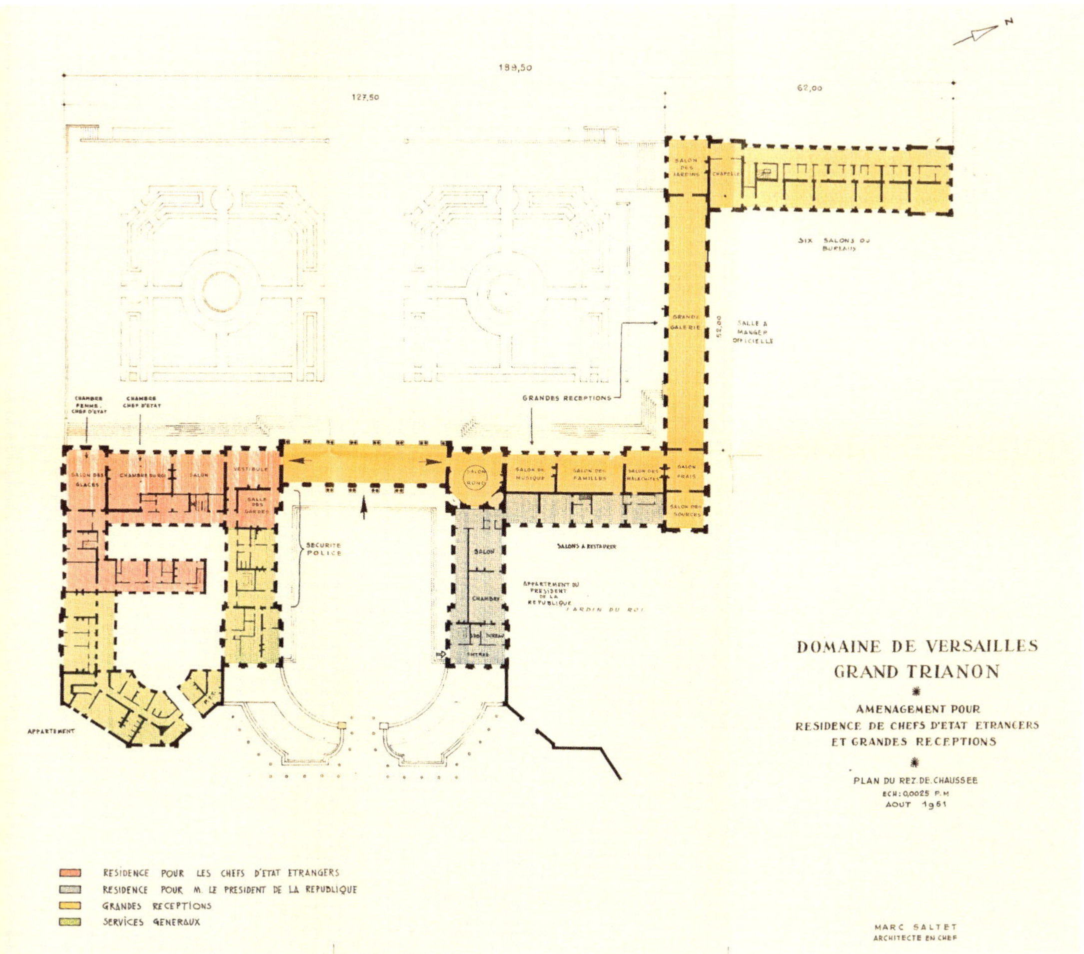

Fig. 3. Projet d'affectation des espaces du Grand Trianon établi par Marc Saltet, août 1961.
Archives du château de Versailles, 03002/(2)1957/1966-2.

Pages suivantes Fig. 4. Vue du salon des Jardins restauré, 1966. Archives du château de Versailles, 03002/NV1426.

Un chantier global

—

Dès le mois d'août, Marc Saltet fait démonter les boiseries et retirer les meubles, lustres et tableaux. Mais les travaux d'architecture débutent véritablement en janvier 1963 pour s'achever en août 1965, avant que l'ameublement et la décoration ne terminent complètement l'opération, au printemps 1966. De deux natures, ils consistent tout d'abord à mettre le Grand Trianon en état d'être habité selon les standards de confort moderne. Ainsi le chauffage en place depuis la Seconde Guerre mondiale n'est-il prévu que pour la conservation des œuvres, en maintenant une température de 12 degrés. On l'adapte donc à l'occupation humaine, en le programmant pour obtenir 20 degrés, tout en ménageant la possibilité de revenir à des conditions plus favorables aux collections (*fig.* 5). Il est complété par un dispositif de production de froid et de conditionnement de l'air afin d'agir sur la température dans les salles. L'électricité n'est pas fournie en suffisance pour alimenter le château dans le nouvel usage qui doit en être fait. Une installation moderne de 1200 kilowatts est donc réalisée, soit l'équivalent de celle de l'Opéra de Paris, comme Marc Saltet se plaît à le souligner. L'éclairage des façades extérieures et des voies d'accès au Grand Trianon est également rendu possible. Dans les appartements destinés à l'habitation, des salles de bains sont aménagées. Chaque chambre de la suite des chefs d'État étrangers en dispose d'une. Cela nécessite d'importants travaux de plomberie, indispensables aussi aux deux cuisines modernes créées en sous-sol de l'aile gauche et de Trianon-sous-Bois. Le téléphone est installé dans chaque partie du château, trois cent cinquante appareils au total, et des postes de télévision sont disposés dans les appartements.

Tous ces aménagements techniques donnent lieu à des interventions lourdes. Le sous-sol de la cour d'Honneur est creusé à six mètres de profondeur pour installer en deux salles distinctes le poste de transformation électrique et la centrale frigorifique (*fig.* 6). Un tableau de contrôle muni d'un pupitre de commande permet d'agir sur la mise en tension des installations électriques de l'ensemble du Grand Trianon depuis les locaux du personnel de service. Les réseaux, câbles et tuyaux sont tous enfouis dans des tranchées traversant les salles ou sont encastrés dans

Fig. 5. Chaufferie du Grand Trianon, 9 décembre 1964. Archives du château de Versailles, 03002/NV1594.

les murs. Car l'architecte prend le parti de rendre les équipements techniques les plus discrets possible. Il faut que le confort moderne s'efface devant le caractère historique du lieu.

C'est d'ailleurs pour préserver celui-ci que des travaux de restauration d'art sont entrepris. En façade et sous le péristyle, les pilastres et revêtements muraux en marbre de Languedoc sont remis en état. Le dallage du Salon rond, qui avait été substitué par du parquet sous Louis-Philippe, est rétabli d'après étude (*fig. 1 et 7*). Les menuiseries sont lessivées, décapées, traitées contre les insectes et les champignons. On dépose le parquet de chaque pièce, on le substitue par des panneaux Versailles ou on remet ceux-ci en état lorsqu'ils étaient existants. Un travail conséquent de restauration est mené sur les boiseries, présentes dans la plupart des salles, ou sur les châssis sculptés du salon des Glaces. La trace d'emblèmes royaux grattés à la Révolution, de fleurs de lys notamment, ayant été retrouvée sur différents chambranles de portes, on restitue ces éléments.

Ces aspects sont discutés devant le Conseil général des bâtiments de France, qui examine les travaux de Trianon lors de différentes séances. Le 5 novembre 1964, les membres expriment leur satisfaction « de constater que les restaurations ont été opérées en respectant scrupuleusement les architectures de Robert de Cotte, de Mansart ». Le directeur de l'architecture, Max Querrien, félicite Marc Saltet « du

Fig. 6. Comblement de la cour d'Honneur après la pose des installations techniques en sous-sol, vers 1963. Archives du château de Versailles, 03002/NV2027.

soin qu'il apporte à une réalisation aussi délicate que celle qui consiste en l'adaptation d'un programme d'équipements techniques à un cadre dont aucun élément ne doit être modifié ».

L'ensemble de ces travaux colossaux est résumé en 1966 par Saltet en une série de chiffres significatifs. La restauration a porté sur 100 fenêtres et seuils, 72 salons ou pièces, 7600 mètres carrés de boiseries, 3120 mètres carrés de parquets; 96 appliques, 28 lustres ont été équipés; 58 kilomètres de câbles ont été tirés pour l'électricité. Il note aussi que 250 ouvriers ont œuvré sur le chantier, en autant de corps d'état qu'il a fallu coordonner pour des interventions souvent menées simultanément; ils dépendaient de vingt et une entreprises, connues pour la plupart par l'architecte pour travailler déjà sur le domaine de Versailles[7].

DES RÉSONANCES POLITIQUES

Cet effort consenti aurait pourtant pu mener à une réalisation plus rapide encore. Les travaux étaient prévus pour une durée de six mois et devaient s'achever en juillet 1964, lorsqu'ils ne devaient concerner que l'aile sud pour les chefs d'État étrangers ainsi que les salons de réception. Puis, quand le programme est étendu à une résidence pour le président de la République, Marc Saltet fait état d'une année supplémentaire nécessaire à l'accomplissement des travaux. L'écart de douze mois entre ce nouvel objectif et l'achèvement effectif ne s'explique pas par des difficultés techniques rencontrées, mais par des motifs d'ordre financier perçus par le pouvoir comme un enjeu politique. Dès la prise de décision d'engager les travaux, à l'été 1962, André Holleaux attire l'attention de l'Élysée sur ce sujet. Reprenant les indications fournies par l'architecte de Versailles, il distingue les dépenses liées à des ouvrages de restauration de celles relevant des « travaux d'habitation ». Les unes seront couvertes par la loi-programme sur la restauration des monuments historiques, tout juste votée par le Parlement, les autres devront faire l'objet d'un autre mode de financement. Holleaux précise : « Il est bien certain que l'esprit de la loi est d'assurer la réfection et la restauration des grands monuments et non d'y effectuer des travaux d'habitation. Il y a là une considération importante tant sur le plan financier que sur le plan psychologique et même politique[8]. »

Dès lors, il est prévu de budgéter ce qui relève de l'aménagement sur les exercices annuels du ministère de la Culture. Mais cela tardera, ou sera difficilement réalisé. Dans une nouvelle note au général de Gaulle en février 1963, il est proposé, faute d'affectation des crédits, de prélever sur les ressources de la loi-programme, à titre provisoire, de quoi engager les travaux d'habitation[9]. Un an plus tard, au début de 1964, il n'est toujours pas prévu de budget pour l'année qui s'ouvre. Le problème se double désormais par les dépassements de crédits, car le coût prévisionnel de l'ensemble du chantier est nettement supérieur à ce qui était envisagé initialement. Le montant du programme tel qu'il avait été adopté en 1962 devait s'élever à près de 16 millions de francs pour la partie architecturale et à 10 millions de francs pour l'ameublement. Dès avril 1963, trois mois après le début des travaux, Marc Saltet signale des surcoûts liés à l'état du bâtiment, plus endommagé encore qu'il ne le supposait. Le 12 décembre 1963, une réunion est organisée à l'Élysée pour faire le point sur l'avancement du chantier et son coût. Les deux directeurs de cabinet, Georges Galichon et André Holleaux, actent alors que les crédits seront nécessairement dépassés. Ils sont évalués désormais à 40 millions de francs, ce qui sera effectivement, à 5 millions de francs près, le montant total de l'opération une fois celle-ci achevée. Les travaux de Trianon-sous-Bois n'étant pas encore lancés, deux options sont alors soumises au général de Gaulle : arrêter le projet à l'issue de la première tranche et repousser ou même renoncer à la deuxième, ou entreprendre les aménagements pour la résidence du président de la République « malgré les inconvénients financiers et sans doute psychologiques ». Cette deuxième solution

Fig. 7. Étude pour le dallage du Salon rond, novembre 1963.
Archives du château de Versailles, 03002/(2) Plans et études 36.

est préconisée par André Malraux. Le Général opte pour celle-ci, réaffirmant ainsi sa décision d'aménager une résidence présidentielle et suivant une nouvelle fois l'avis de son ministre des Affaires culturelles[10].

Cette étape déterminante dans le projet d'aménagement du Grand Trianon est assujettie d'un report de la fin des travaux, qui reçoit aussi l'accord du général de Gaulle. Faute d'imputation budgétaire, l'année 1966 est désormais envisagée. Cependant, probablement pour des raisons également « psychologiques », on demande à Marc Saltet de freiner les travaux et non de les interrompre.

Malgré les précautions prises, les préventions du pouvoir sur l'impact politique des aménagements du Grand Trianon se confirmeront. En 1967, la Cour des comptes soulève dans son rapport annuel la question du financement du projet. L'étude menée par ses conseillers pointe « une priorité fondée sur l'urgence donnée à cette opération » qui a motivé des « entorses aux procédures réglementaires » (entente de gré à gré, marchés passés en régularisation) et entraîné des dépenses « pouvant paraître excessives ». L'organisme de contrôle prend notamment l'exemple des salles de bains de Trianon-sous-Bois, dont les dessus en loupe de frêne ont coûté 10 156 francs pour une baignoire et 16 667 francs pour un lavabo[11]. Dans l'opinion publique, une certaine presse se montre également critique. Le Grand Trianon est ainsi régulièrement évoqué dans *Le Canard enchaîné*, dont la rubrique « La Cour » d'Antoine Ribaud fustige, sur des caricatures de Moisan, le caractère monarchique du pouvoir en place et pastiche volontiers le général de Gaulle en Louis XIV (*fig. 8*). Le numéro du 4 mai 1966 dénonce par exemple des « milliards

Fig. 8. Caricature publiée par Moisan dans *Le Canard enchaîné*, n° 2215, 3 avril 1963. Collection particulière.

profusément répandus» pour ce chantier, par ailleurs décidé de manière non démocratique, et une opacité dans l'emploi de ces fonds. Aux dépenses jugées somptuaires par certains s'ajoute enfin la crainte, le fantasme presque, d'un Trianon devenant domaine réservé au seul usage du Président et dont le public serait écarté.

La réponse à ces incriminations se fera par une entreprise de communication digne des temps modernes, une fois les travaux achevés. Elle mettra en avant la réalisation patrimoniale, l'œuvre admirable de restauration. Les acteurs du projet avaient reçu pour instruction de ne rien révéler du chantier en cours[12]. Ils sont désormais exposés médiatiquement. «Pour la première fois, Marc Saltet parle», titre l'hebdomadaire *Toutes les nouvelles de Versailles* le 13 juillet 1966. L'architecte ainsi que Gérald Van der Kemp et Jean Coural s'expriment devant les caméras de l'ORTF, reçoivent les journalistes des magazines *Paris Match*, *Connaissance des arts* (*fig.* 9) ou *Time Life*, publient des articles expliquant le parti pris qui a été le leur, leurs recherches, l'approche scientifique. Un film présentant l'ensemble des travaux de restauration et leur évolution est commandé par le ministère des Affaires culturelles.

Et c'est bien là, effectivement, la différence entre cette entreprise et celles qu'avaient poursuivies Napoléon et Louis-Philippe. Le projet du Grand Trianon sous la présidence du général de Gaulle est avant tout une œuvre de restauration, en phase avec son époque. Celle-ci est d'ailleurs, en cette décennie 1960, en pleine mutation. À son image, le Grand Trianon a été entièrement réhabilité, embelli, modernisé. Les photographies de ses installations techniques neuves ne sont pas sans évoquer celles des machines qui équipent progressivement l'industrie ou des pupitres des centrales nucléaires dont le pays se dote peu à peu. Les clichés montrant Trianon dans les magazines sont passés en quelques années du noir et blanc à la couleur, comme un symbole de l'évolution de la France portée par l'ambition du général de Gaulle.

Fig. 9. Vue de l'une des chambres du Grand Trianon destinées à la suite des chefs d'État étrangers, publiée dans le n° 176 de *Connaissance des arts*, en octobre 1966.

Fig. 1. Torchère dans le salon d'attente (bronze noir et bronze doré de Pierre-Philippe Thomire, 1751-1843), 1966.

Les ameublements du Grand Trianon

Jean-Jacques Gautier

LA QUESTION DU CHOIX DE L'ÉTAT HISTORIQUE

—

Sous la IVe République, le Grand Trianon sert pour des réceptions officielles. Dès février 1956, l'adaptation des lieux pour les rendre plus fonctionnels et propres à cet usage régalien est demandée par la commission chargée du remeublement de Versailles.

Avec la nouvelle République, la question se retrouve formulée par un exécutif renforcé. En 1959, lorsqu'on envisage d'aménager le Grand Trianon pour en faire une résidence pour les hôtes de la France et le cadre de grandes réceptions, le projet inclut un programme de restauration des meubles et objets d'art. L'affectation de la partie gauche de Trianon ne peut se faire que si c'est l'ensemble de l'édifice qui est restauré, dont les salles historiques arpentées par les visiteurs. « Quel état fallait-il choisir pour restaurer Trianon ? Telle est la question qui s'est posée à nous lorsque l'Élysée a décidé de faire de ce palais une résidence pour y loger les chefs d'État étrangers lors de leur visite officielle dans la capitale[1]. » Quand les travaux commencent au tout début de l'année 1963, le journal *Le Monde* s'en fait l'écho le 29 mars par la voix de Marc Saltet, qui justifie son programme architectural. « M. Saltet nous explique : [...] Mais il y a des pièces qui ont été remaniées, notamment sous Louis-Philippe, avec un mépris si évident de l'histoire, pour ne pas dire de vandalisme, que l'on ne peut plus parler, en les réparant, de respect pour un état historique existant. C'est dans cette partie de Trianon, où les décors ne s'écarteront pas du style des autres pièces, que seront aménagés les nouveaux appartements. » Il est alors question de l'aile du côté du Grand Canal, où avait été effectivement aménagé un appartement pour Louis-Philippe, ainsi que de la partie musée du Grand Trianon. L'aménagement de Trianon-sous-Bois pour le président de la République n'est acté qu'en mars 1963.

Les responsabilités diverses suscitent un jeu d'influences. L'architecte a une position clé à cette époque, en bénéficiant de l'essentiel des crédits alloués. Si les dispositions de la fin du règne de Louis XIV, avec en particulier tout un ensemble de boiseries délicatement sculptées qui n'ont pas leur équivalent ailleurs, ni même

à Versailles, sont épargnées, on n'hésite pas à bousculer les distributions. Un escalier entièrement neuf est créé, ouvrant au centre de la galerie du rez-de-chaussée ; à son extrémité, des cloisons sont abattues afin de disposer d'un vaste salon des Huissiers. Des parcloses sont supprimées pour laisser une place plus importante aux textiles. La distribution de 1966 est surprenante puisque le nouveau salon des Huissiers est situé à l'extrémité de l'aile et qu'il faut, quand on vient du corps principal de Trianon, parcourir toute la galerie pour accéder au salon d'attente.

Il semble que Marc Saltet, conservateur du domaine de Versailles, ait aussi joué un rôle jusque dans les ameublements. Dès le départ, il est souligné qu'il s'agit d'aménagements et non de reconstitution historique, comme il apparaît dans une lettre de Jean Coural, administrateur général du Mobilier national, en date du 26 mai 1964 à l'architecte Saltet : « Il importe avant tout que le président de la République soit chauffé. Meubles, tentures et objets d'art seront placés en fonction de votre plan. Cela nous est d'autant plus facile qu'il ne s'agit pas pour nous de faire des reconstitutions historiques, mais de meubler un appartement privé. » Et encore dans une lettre datée du 25 octobre 1965 à l'administrateur général du Mobilier national, Saltet écrit : « J'ai l'honneur de vous remettre la liste du mobilier qui nous serait nécessaire pour le Grand Trianon et Trianon-sous-Bois (tables, chaises, etc.)[2]. »

Pour les appartements historiques, le décorateur choisi est celui de Gérald Van der Kemp, Henri Samuel, par l'intermédiaire de sa société de tapisserie Alavoine ; pour les appartements de l'aile gauche, ceux des chefs d'État étrangers et Trianon-sous-Bois, c'est Serge Royaux, directement attaché à l'administration générale du Mobilier national officiellement en décembre 1965. Ce décorateur prétend s'inspirer de publications gravées du début du XIXe siècle comme celles de La Mésangère (1761-1831), directeur du *Journal des dames et des modes* de 1797 à 1838.

Dans la collaboration avec le Mobilier national, les aménagements de Trianon-sous-Bois s'intègrent dans le programme plus ambitieux des salles d'exposition permanente du musée historique du Grand Trianon, dont tous les espaces sont remis en état et les ameublements restaurés, dans la mesure du possible avec des meubles s'intégrant dans un état historique du Premier Empire ou exceptionnellement Louis-Philippe (*fig. 2, 3 et 4*). Le Mobilier national fait revenir d'administrations bénéficiaires

Fig. 2. Vue de la chambre de l'Impératrice, 1966.
Fig. 3. Fauteuil de la chambre de la reine des Belges (François-Honoré-Georges Jacob-Desmalter, 1770-1841), fin des années 1960-début des années 1970. Archives du château de Versailles.

Fig. 4. Vue du cabinet de travail de l'Empereur, fin des années 1960-début des années 1970. Archives du château de Versailles.

une quinzaine de meubles, dans l'esprit du décret Debré de 1961, qui trouve là pleinement son application et peut-être aussi son origine[3].

L'évocation de cet état de 1966 présente un intérêt dû à la personnalité du fondateur de la Ve République, même si celui-ci ne semble avoir porté qu'une attention assez éloignée au chantier en général et au confort de ses futurs appartements en particulier. Ceci posé, la vision politique du général de Gaulle a certainement influencé le choix d'un ameublement en lien avec une certaine idée de la grandeur de la France. En parallèle, la possibilité de relancer et de valoriser les savoir-faire ancestraux en matière d'ameublement par la reconstitution des textiles anciens et des tapis pour remplacer ceux encore existants déposés dans des administrations bénéficiaires est un argument politique à toutes les époques. Partie prenante et acteur essentiel de ce mouvement, le Mobilier national prend en charge rideaux, literies et certaines garnitures de siège.

L'inauguration peut prendre place le 10 juin 1966. Le premier visiteur étranger à séjourner au Grand Trianon après ces aménagements est le Premier ministre du Royaume-Uni, Harold Wilson, les 19 et 20 juin 1967. Après cette expérience apparaît la nécessité de compléter les ameublements. Des petites tables pour les appareils téléphoniques, tapis, patères, sièges et corbeilles pour les salles de bains, et surtout une glace en pied pour l'appartement du général de Gaulle ! L'état Charles de Gaulle de 1966 n'a pas subsisté intact jusqu'à aujourd'hui, loin s'en faut. Des modifications ont eu lieu à chaque changement de chef d'État et ceci dès 1969.

LE PROJET DU MOBILIER NATIONAL POUR TRIANON-SOUS-BOIS

—

Les sources archivistiques sont nombreuses au Mobilier national, avec les dessins préparatoires de Serge Royaux, les mémoires, les projets d'ameublement et une forme de pointage de ces ameublements qui a valeur d'inventaire[4]. On conserve aussi pièce par pièce les échantillons de tissu.

Les ensembles aménagés consistent en ces deux enfilades superposées, desservies par une galerie et complétées par salles de bains et cabinets. L'enfilade du rez-de-chaussée présente un caractère plus fonctionnel et officiel, avec un salon des Huissiers dans un volume entièrement créé et, en retour sur le jardin des Sources, salon d'attente, deux bureaux pour les second et premier aides de camp, bureau officiel du Président éclairé par trois fenêtres, salon et salle à manger. L'étage est plus à vocation privée, malgré la création de l'escalier à caractère ostensiblement Ancien Régime, avec une première chambre de collaborateur, un salon, une seconde chambre de collaborateur, le salon privé à trois croisées, la chambre à coucher, le bureau du Président (*fig.* 5) et le petit bureau dit de Madame, simplement éclairé par une croisée.

Les ameublements proposés par le Mobilier national présentent des tons de tissus formant à la fois une continuité d'une pièce à l'autre et un contraste à l'intérieur de chacune. Ainsi un velours frappé jaune et vert dans le petit salon du rez-de-chaussée. Dans le vaste bureau contigu, c'est un vert rendu par deux velours frappés et un velours « vieil or » pour le canapé et la paire de fauteuils confortables. Le salon d'attente est en velours bleu alors que les sièges sont couverts d'un velours vert (*fig.* 6). L'étage est « tiré » vers le XVIIIe siècle avec des toiles d'Aix voisinant avec des velours. Certaines pièces de mobilier, dont l'essentiel provient des réserves du Mobilier national, ont une origine historique. Il y a toutefois achat chez des antiquaires de meubles de complément et même d'une commode-secrétaire acquise en vente publique. S'y ajoute la confection de luminaires, en particulier de lustres par la maison Chanteloup, pour répondre au besoin.

Les cent soixante-neuf gravures proviennent de la Chalcographie du Louvre, sélectionnées pour vingt-sept chambres et trois couloirs de Trianon (*fig. 7 et 8*). Le 20 octobre 1965, l'administrateur du Mobilier national se rend à la manufacture de Sèvres afin de choisir des porcelaines et des biscuits. Cent quatre-vingt-deux pièces bleu et blanc sont sélectionnées, comme des cendriers, des soucoupes, une paire de vases Médicis, mais aussi trente-sept vases de toutes formes, neuf bustes, en particulier de l'époque napoléonienne et de la famille de Louis-Philippe, des sujets comme la Musique, l'Insomnie ou le Jugement de Pâris, dix obélisques, soixante-seize médaillons. Il faut préciser que, sur ce nombre, sont inclus quatre-vingts soucoupes à tasse litron, trente cendriers bleus, soixante cendriers blancs et dix sucriers.

Les aménagements de Trianon-sous-Bois nécessitent environ cent soixante sièges et quelque soixante-dix meubles d'ébénisterie. Les sièges sont soit en acajou (salon des Huissiers, dont le mobilier figurait sous Louis-Philippe dans l'appartement du roi au Grand Trianon et à Compiègne), soit en bois peint blanc rechampi gris, teinte nouvelle sur une peinture noire datant du Second Empire quand ces sièges étaient à Fontainebleau (bureaux des aides de camp, salon d'attente et salle à manger), soit en bois doré (salon et bureau du rez-de-chaussée). À l'étage, ils sont du XVIIIe siècle, dont certains tirés du musée du Siège, certainement pour donner une impression de grâce plus aimable que les ensembles du rez-de-chaussée, constitués de sièges Empire (douze chaises du salon des Pendules à Versailles sous Louis-Philippe complétées par six copies de la maison Dumesnil pour la salle à manger, meuble du salon de famille de l'empereur à Saint-Cloud livré par Maigret en 1808 pour le salon et le bureau du rez-de-chaussée complété par des copies et par une exceptionnelle paire de tabourets du boudoir de l'impératrice à Fontainebleau de 1809[5]).

Fig. 5. Vue du bureau privé du président de la République, 1966.

Fig. 6. Vue du salon d'attente, 2014.

Les trois chambres ont trois lits en bois peint du XVIIIe siècle, systématiquement coupés en deux pour en faire des lits jumeaux, malgré leur publication par Dumonthier vers 1900[6] (*fig. 8*). Ces mêmes lits appellent des banquettes de pied en paire, amoindries dans leur longueur pour s'adapter à la largeur des lits, alors que d'autres banquettes, dont certaines de l'ancien Garde-Meuble royal, ont été amputées pour devenir des tables basses d'époque Louis XVI dans une typologie inédite.

À l'exception d'un bureau plat, les meubles d'ébénisterie sont exclusivement en acajou, d'un néoclassicisme de bon ton renforcé par des origines historiques. Les tables à jeu sont détournées de leur fonction pour devenir des tables d'appoint supportant des lampes, souvent de part et d'autre d'un canapé, quand elles ne sont pas reprises dans leur aspect.

Les bronzes proviennent presque exclusivement des réserves du Mobilier national, sauf quelques gaines et vases d'ornement d'un esprit néoclassique épuisé. Les premiers sont généralement d'une belle qualité de fonte et de ciselure et permettent d'éclairer les espaces en leur faisant jouer le rôle de lampes d'appoint sur des tables, nantis d'abat-jour qui rivalisent avec ceux des lustres.

Fig. 7. Vue de l'une des chambres du Grand Trianon destinées à la suite des chefs d'État étrangers, 1966.

Des éléments de surtout signés du bronzier Thomire sont eux aussi transformés en lampes (*fig. 1*), alors que des pupitres à musique en acajou des ateliers de Jacob, étêtés, deviennent des lampadaires.

Aux yeux des contemporains, l'âme de cette transformation est bien André Malraux, comme le souligne Van der Kemp : « M. André Malraux, ministre d'État, nous a aidés de toute son autorité dans ce propos et c'est grâce à lui que Trianon sort rajeuni de ses cendres [*sic*] et peut à nouveau briller de tous ses feux[7]. » Le Mobilier national témoigne par cette restitution de sa capacité à répondre à des aménagements d'envergure dans un espace particulièrement contraignant, mais stimulant car chargé d'histoire. L'option Empire, toute d'acajou et de bronze doré néoclassique, ne doit pas faire illusion. Dans ce bastion du grand goût français, l'influence anglo-saxonne est prépondérante, avec ces imposants sièges confortables, cette mode des lits jumeaux des grands hôtels pour riches Américains et cette occultation de la valeur d'usage première d'un meuble. Ces aménagements sont le dernier chantier d'envergure pour une résidence présidentielle dans la grande et longue tradition des aménagements en styles traditionnels, même si celui de Trianon apparaît comme bien épuisé comparé à ses modèles du XIXe siècle et même à ceux de la IVe République. Ces partis pris décoratifs posent la question de la volonté consciente qui a présidé à ces aménagements : hasard des opportunités trouvées dans les réserves du Mobilier national, manque de temps, souci affirmé d'une volonté d'économie pour une commande de chantier d'État d'envergure, ou justement volonté délibérée de rompre insidieusement avec la tradition qui a incité à détourner des meubles de leur fonction première pour les adapter à des usages et à des perceptions de sens pour lesquels ils n'ont pas été réalisés ? La création simultanée, en 1964, de l'Atelier de recherche et de création au Mobilier national apporte peut-être un élément de réponse. L'ameublement de Trianon-sous-Bois aurait probablement été pensé autrement si l'ARC avait été créé plus tôt.

Fig. 8. Vue de l'une des chambres de Trianon-sous-Bois, 1966.

Fig. 1. Vue de la chambre du président de la République et de son épouse, 1966.

Un décorateur pour Trianon : Serge Royaux, le « sens du palais »

Marie-Amélie Tharaud

UN CHOIX ÉVIDENT

C'est à l'été 1964[1] que Jean Coural appelle le décorateur Serge Royaux pour orchestrer l'ameublement des appartements du général de Gaulle ainsi que celui des appartements des chefs d'État étrangers et de leurs suites. Le choix de Royaux semble cependant revenir à André Malraux, qui apprécie son travail depuis plusieurs années : « Vous avez le sens du palais[2] », lui avait dit le ministre quand, en 1960, Royaux avait élevé un décor de réception pour le roi de Thaïlande près de l'escalier de la Reine au château de Versailles. En ce lieu, Royaux s'était aussi illustré comme scénographe pour l'exposition « Charles Le Brun » en 1963, dont le commissaire n'était autre que Coural. Il possédait ainsi deux facettes complémentaires, qui ne pouvaient que le favoriser pour aménager Trianon : celle de scénographe rompu aux expositions et aux monuments historiques et celle de décorateur des résidences privées les plus luxueuses.

Dans le premier domaine, Serge Royaux se fait connaître en 1958, en exposant la collection Lehman au musée de l'Orangerie. Il met dès lors en scène des expositions au musée des Arts décoratifs, au Louvre, au Petit Palais, à Versailles, et décore plusieurs salles du château de Chambord et du musée des Arts décoratifs. C'est en 1960 qu'il entame sa collaboration avec le Mobilier national en redécorant le salon d'entrée du ministère des Affaires culturelles, avant de devenir un partenaire régulier de cette institution à partir de la commande de Trianon.

En tant que décorateur de résidences, Royaux voit sa carrière lancée en 1956, à l'âge de trente-deux ans[3], quand le couturier Cristóbal Balenciaga lui demande de décorer son château de la Reynerie ainsi que ses bureaux. Jusqu'alors, après une triple formation à l'École des beaux-arts dans l'atelier d'Eugène Narbonne, à l'École des arts décoratifs dans l'atelier de René Prou ainsi qu'à l'École du Louvre[4], où il rencontre son épouse Anne[5], Royaux travaillait au sein de la galerie

Doucet-Coutureau, place Beauvau. Balenciaga remarque l'élégance des vitrines de la galerie et engage le jeune décorateur qui en est l'auteur[6]. S'ensuivent de nombreuses commandes pour décorer hôtels particuliers, châteaux et appartements luxueux à Paris, Genève, New York, entre autres, ainsi que dans le Périgord, où Serge Royaux s'installe en 1953 et vit toujours[7].

LE STYLE ROYAUX

Au-delà de son succès international et de ses liens avec Malraux et Coural, Royaux s'impose pour Trianon par son style : un classicisme confortable, dépourvu d'affectation, qui s'accorde aux goûts mesurés du Général. Interrogé sur les décorateurs qu'il apprécie, Royaux cite volontiers Emilio Terry, Georges Geffroy ainsi que Gérard Mille et Carlos Ortiz Cabrera, épris, comme lui, du siècle de Louis XVI ou de la pureté de l'Art déco[8]. En effet, il aime la sobriété des formes et des motifs, les essences pures et la ligne droite[9], qu'elle soit de Riesener ou de Ruhlmann – il collectionne d'ailleurs un mobilier Art déco de grande qualité[10] et décore deux demeures conçues et meublées par Ruhlmann, dont l'hôtel des Bettencourt à Neuilly, vers 1970[11]. S'il préfère le mobilier ancien, Royaux manifeste le même goût orthogonal dans des ameublements modernes, comme le hall de la préfecture de Rouen en 1966[12]. Cet attrait pour la ligne droite s'affirme aussi dans la symétrie de ses agencements. En outre, l'emploi de certaines formules, présentes à Trianon, lui permet de délimiter l'espace : ainsi, il cerne un canapé de deux lampes identiques dans le bureau du Président, ou place un paravent dans l'angle du bureau de l'épouse du Général[13].

Fig. 2. Bibliothèque transformée en vaisselier par Serge Royaux, salle à manger, 2014.

Le « style Royaux » se caractérise de même par un usage reconnaissable des couleurs. Bien que le décorateur dise leur accorder peu d'intérêt[14], on remarque des constantes nettes dans leur choix et leur association. Là aussi, Royaux recherche la sobriété, privilégiant les unis aux motifs – ceux-ci ne sont pas absents, mais plutôt réservés aux pièces intimes. Il aime surtout créer des contrastes en employant deux couleurs au sein d'un décor, notamment un bleu vif, puissant, et un vert kaki plus sourd. On observe cette association dès 1962 dans un appartement privé où un tissu moiré vert orne les murs tandis qu'un velours bleu gaufré recouvre les fauteuils. On la retrouve dans le salon de l'hôtel des Schlumberger ou dans le salon d'attente à Trianon (*fig. 6, p. 46-47*)[15]. Son goût pour le contraste et la lumière le porte aussi à associer le blanc et le noir, accordant au premier une place prépondérante (murs, rideaux, tapis) et limitant le second à de petites touches décoratives (abat-jour, tabourets…), comme chez lui, à Saint-Jean-d'Estissac[16]. Son souci de la lumière lui fait préférer les tons crème et diversifier les sources d'éclairage. Les couleurs jaune-orangé, qui apportent de la chaleur, ont aussi la part belle : elles dominent dans la décoration de la préfecture de Rouen et sont bien présentes à Trianon.

Enfin, une marque du décorateur vient de la liberté qu'il prend dans le traitement d'intérieurs classiques par une transformation des objets. Là aussi, certaines constantes se remarquent chez Royaux : d'une banquette, il fait une table basse, d'une bibliothèque, un vaisselier de salle à manger, au château de Touffou[17] (1967) et à Trianon (*fig. 2*) ; à Trianon encore, il transforme pupitres et vases en lampes, et évide les paravents en donnant à leurs feuilles des verres transparents, niant la fonction occultante de l'objet. En détournant le sens des objets, Royaux se joue des codes de la décoration.

LE PARTI PRIS DÉCORATIF À TRIANON

Fidèle à son style, Royaux instaure à Trianon une solennité sans grandiloquence dans les pièces d'apparat. Le recours au style Empire affirme la majesté des lieux, d'autant que Royaux hiérarchise les espaces par l'emploi d'un mobilier de bois doré pour les pièces les plus nobles – le bureau du Président, le salon –, blanc et doré, ou simplement blanc, pour les autres. La présence de deux tapisseries, l'une dans le bureau du Président, l'autre dans le salon d'attente, participent de l'apparat. L'orthogonalité et la symétrie dominent dans les agencements. Néanmoins, point d'emphase, point de surenchère dans la solennité. Les objets décoratifs sont précieux mais austères – vases de marbre blanc et de granit, par exemple – et leur nombre est relativement réduit. De même, pour les tissus d'ameublement, le décorateur opte pour des velours de laine ou de Dralon gaufrés et bordés de motifs imprimés, d'un effet luxueux mais moins coûteux et moins ostentatoires

Fig. 3. Vue du salon attenant au bureau du président de la République, 1966.

que des soies façonnées, ce qui correspond d'ailleurs à son goût. Comme à son habitude, il privilégie les tissus unis pour les pièces d'apparat, animant le décor par l'association de deux couleurs : le vert et le jaune dans le bureau du Président et le salon (*fig. 3*), le gris et le grenat dans les bureaux des aides de camp, et bien sûr le bleu et le vert dans le salon d'attente.

En revanche, dans les appartements privés du Président ainsi que dans ceux des chefs d'État étrangers et de leurs suites, Royaux met en avant une atmosphère bourgeoise, plus propice à l'intimité. Il allie ainsi meubles de styles Empire et Louis XVI, ce dernier, moins formel, s'accordant bien à la taille modeste des pièces. Pour les textiles, Royaux fait apparaître la toile de coton : dans une chambre de collaborateur, par exemple, un velours gaufré doré appliqué à deux fauteuils et à deux chaises est associé à une toile de coton imprimée rose et blanc, à motifs de rubans et de bouquets de fleurs, pour le reste du mobilier et les rideaux. La simplicité est aussi de mise dans la chambre présidentielle (*fig. 1*), où une toile d'Aix rouge et blanc à motifs fleuris domine dans le mobilier, répondant à des rideaux en fibre synthétique de couleur crème.

Dans son processus créatif, Royaux accorde une place centrale à la mise en espace des objets et au choix des textiles (*fig. 4a-d*). Pour chaque pièce, il dessine un plan qui lui permet d'agencer les meubles, sans détailler leurs formes ou leur style. Son trait assuré va à l'essentiel. Quelques dessins, cependant, pour donner une atmosphère, représentent précisément certaines pièces, sans d'ailleurs correspondre toujours aux objets réellement installés. Enfin, il regroupe sur un seul document les échantillons des tissus qu'il va employer dans une pièce, désignant à quels meubles ils sont destinés. Ce procédé lui permet de vérifier la réussite de l'association des couleurs et des matières, et de la faire valider auprès de Jean Coural et de Gérald Van der Kemp[18].

Le général de Gaulle, certes peu féru de décoration, semble apprécier l'aménagement conçu par Royaux, comme en témoigne sa lettre de félicitations à Malraux[19]. Le décorateur a su répondre au goût du Président, instaurant une solennité mesurée dans les appartements de réception et une intimité plus délicate dans les appartements privés. Ce succès contribue certainement à la poursuite de sa relation avec le Mobilier national par plus d'une dizaine de commandes différentes, réparties sur huit années. Royaux, attaché à l'administration générale du Mobilier national et des Manufactures[20], sans être membre du personnel, décore le bureau du secrétaire général de l'Élysée (1975), certaines pièces des ambassades de France à Santiago du Chili (1965), Pékin (1966) et Washington (1973), l'hôtel de Lassay (1969-1971) et, surtout, l'hémicycle de l'Assemblée nationale (1970) et les bureaux des députés (1972). Il intervient aussi plus modestement aux ministères des Finances, des Affaires étrangères et de l'Industrie, au Sénat et au secrétariat d'État aux Transports[21]. En parallèle, les commandes de particuliers continuent

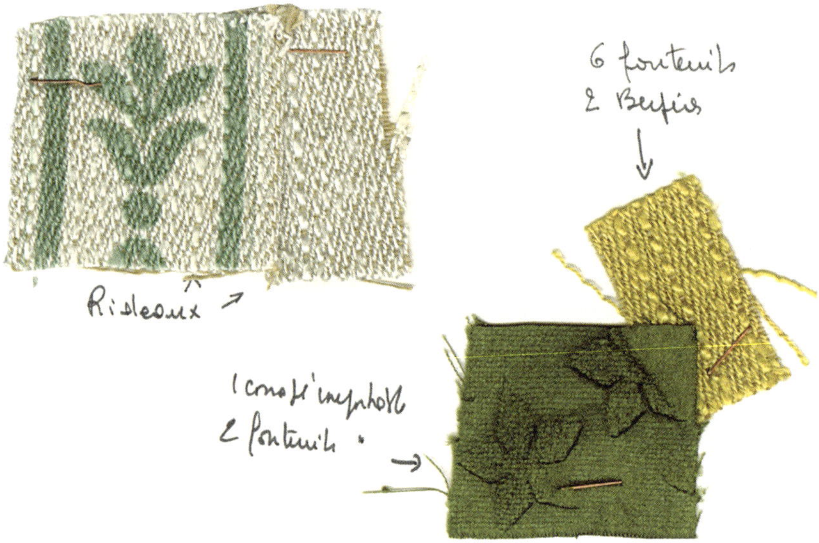

Fig. 4a. Salon privé du président de la République à Trianon-sous-Bois. Sélection des tissus par Serge Royaux, vers 1966. Paris, Archives du Mobilier national, MM. 1061.

d'être nombreuses dans les années 1970, puis Royaux ralentit progressivement son activité. La presse spécialisée relaie régulièrement ses réalisations au fil de ces années, l'article le plus important étant dû à Jean-Louis Gaillemin, en 1977, dans la revue *Réalités*[22]. En 2002, *Architectural Digest* le compte parmi les cent décorateurs les plus importants du XXe siècle[23]. En 2013, Hervé Brunaux recueille ses propos pour la revue *Le Festin* : « J'ai toujours eu un peu peur du grand luxe[24] », peut dire Royaux à cette occasion. En effet, parmi les décorateurs internationalement reconnus des années 1960-1970, tels David Hicks en Angleterre, Billy Baldwin aux États-Unis, Stéphane Boudin de la maison Jansen ou Henri Samuel en France et Renzo Mongiardino en Italie[25], Royaux est certainement le plus classique, préférant aux intérieurs opulents de ses rivaux un style français plus humble, rigoureux et dépouillé.

Fig. 4b. Salon privé du président de la République à Trianon-sous-Bois. Esquisse par Serge Royaux, vers 1966. Paris, Archives du Mobilier national, MM. 1061.

Fig. 4c. Salon privé du président de la République à Trianon-sous-Bois. Plan par Serge Royaux, vers 1966. Paris, Archives du Mobilier national, MM. 1061.

Fig. 4d. Salon privé du président de la République à Trianon-sous-Bois. Photographie du salon après aménagement, vers 1966. Paris, Archives du Mobilier national, MM. 1061.

Recevoir à Trianon

Fig. 1. Réception en l'honneur du président John Fitzgerald Kennedy et de son épouse Jackie Kennedy, le 1er juin 1961. Soirée à l'opéra royal du château de Versailles.

Pages précédentes. Vue du salon des Glaces, sans date.

Les chefs d'État étrangers à Trianon sous la présidence du général de Gaulle

Isabelle Richefort

LE PROTOCOLE DES CÉRÉMONIES OFFICIELLES À VERSAILLES

—

L'organisation des séjours en France de chefs d'État, de chefs de gouvernement et de membres de gouvernements étrangers relève du service du protocole du ministère des Affaires étrangères[1]. Ces visites et les cérémonies prévues à cette occasion obéissent à des règles précises, en particulier lorsqu'il s'agit d'une visite d'État, visite de prestige organisée pour un chef d'État en vue de montrer au monde en quelle haute estime se tiennent les deux nations concernées. La visite officielle d'un chef d'État, d'un chef de gouvernement mais aussi des héritiers du trône de monarchies étrangères et des vice-présidents est entourée d'un moindre cérémonial. Enfin, les visites privées donnent parfois lieu à des rencontres entre la personnalité en résidence et les autorités du pays d'accueil.

Préparées par la section du cérémonial du protocole en relation avec la préfecture, l'ambassade du pays concerné et les services du château, les visites à Versailles sont proposées aux hôtes étrangers par l'intermédiaire de leurs ambassades. Elles revêtent plusieurs formes en fonction de la nature, de l'objet et de la durée du voyage en France de la personnalité reçue, de l'heure de la visite ainsi que du nombre d'invités. La Galerie basse du château[2] mais aussi la galerie des Glaces[3] servent ainsi de cadre à des déjeuners, voire à des dîners, généralement suivis d'un spectacle à l'opéra.

Les réceptions au Grand Trianon sont à remettre dans le contexte de la volonté politique du général de Gaulle d'utiliser le domaine de Versailles à des fins diplomatiques. De 1960 à 1965, seize chefs d'État et souverains étrangers sont reçus au château de Versailles dans le cadre de leur voyage en France[4]. Les premiers d'entre eux, en 1960, sont les souverains de Thaïlande, dont le programme de voyage en France prévoit, le 13 octobre, un déjeuner à Versailles ainsi qu'une visite[5]. C'est aussi un déjeuner à Versailles suivi d'une visite qui est proposé au roi du Maroc Hassan II lors de son voyage en France du 25 au 29 juin 1963. Le jeune souverain, qui a succédé à son père Mohamed V en 1961, estime alors plus facile, depuis l'indépendance de l'Algérie, de renforcer la coopération entre les deux pays. Pour la réception le 7 avril 1965 du roi de Danemark Frédéric IX et de son épouse la reine Ingrid[6], c'est en revanche un dîner suivi d'un spectacle qui est donné. Si le général de Gaulle a précisé à l'ambassadeur, François Seydoux, ne recevoir à Versailles que les souverains d'ancienne dynastie[7], il y accueille en réalité également Nikita Khrouchtchev en 1960 ou encore John Fitzgerald Kennedy l'année suivante (*fig. 1 et 2*).

VISITES ET RÉCEPTIONS AU GRAND TRIANON

Une fois la rénovation du Grand Trianon achevée, l'accueil d'hôtes étrangers peut y être organisé selon une tradition « faisant de ce palais le lieu de réception de ces hôtes de marque et le séjour occasionnel du chef de l'État français[8] ». De 1966 à 1969, des déjeuners y sont offerts à des chefs d'État et de gouvernement. Les réceptions de personnalités au Grand Trianon sont plus intimes qu'à Versailles et réservent une place importante aux entretiens.

Le premier hôte du général de Gaulle est le duc d'Édimbourg, venu en France fin décembre 1966 à l'invitation d'une association dont on célèbre le cinquantième anniversaire de la fondation, France-Grande-Bretagne. Le service du protocole n'est chargé d'organiser qu'un déjeuner intime précédé d'un entretien, le mardi 20 décembre, avec le président de la République. Les participants à ce déjeuner sont une trentaine. La visite se déroule selon le programme suivant : 11 h 50, le Général et Madame de Gaulle quittent le palais de l'Élysée ; à 12 h 10, ils arrivent à Trianon, où ils sont conduits à leur appartement ; à 12 h 30, le duc d'Édimbourg arrive à son tour à Trianon, où il est accueilli par Étienne Burin des Roziers, secrétaire général de l'Élysée, qui l'accompagne au cabinet de travail du général de Gaulle ; arrivés de 12 h 45 à 13 heures par la cour d'honneur, les invités au déjeuner sont conduits par l'antichambre de la Chapelle, où ils prennent connaissance du plan de table. Leur entretien ayant pris fin, le général de Gaulle, accompagné de son épouse, et le prince Philippe se

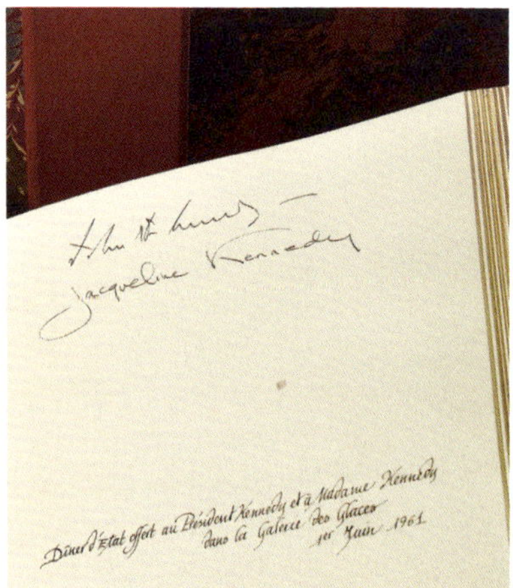

Fig. 2. Livre d'or du château de Versailles, signatures des Kennedy, le 1er juin 1961. Archives du château de Versailles.
Fig. 3. Le prince Philippe, duc d'Édimbourg, reçu par le général de Gaulle et Yvonne de Gaulle, le 20 décembre 1966.

rendent sur le perron pour une séance de photographies (*fig.* 3) puis, en effectuant une brève visite du château, ils gagnent à leur tour le salon de la Chapelle. À 13 h 15, les invités sont introduits dans ce même salon ; un huissier annonce leurs noms et titres, les apéritifs sont servis. Les convives traversent ensuite le Grand Trianon pour rejoindre le salon des Glaces, où le déjeuner débute à 13 h 25. Ils reviennent dans le salon de la Chapelle vers 14 h 15 pour le café et les liqueurs. Puis le duc d'Édimbourg prend congé du Général et de Madame de Gaulle pour aller à Villacoublay visiter les usines Breguet Aviation, où les forces aériennes des deux pays travaillent sur un avion franco-britannique, et l'usine Matra.

Quelques mois plus tard, après le rejet français de la deuxième demande d'entrée du Royaume-Uni dans le Marché commun européen, le Premier ministre britannique Harold Wilson est reçu, lors de sa visite en France du 18 au 20 juin 1967, par Charles de Gaulle à Trianon (*fig.* 4). Il est logé avec cinq personnes de sa suite dans l'aile sud nouvellement aménagée à cet effet. Ses mémoires révèlent qu'il est ravi de son séjour[9]. Le Général évoque ses loisirs, ses patiences, et il propose de profiter du beau temps pour tenir la séance de l'après-midi en plein air. Ce séjour ne l'amène toutefois pas à modifier sa position puisqu'il confirme son veto au cours d'une conférence de presse du mois de novembre suivant.

Fig. 4. Le général de Gaulle et Yvonne de Gaulle recevant Monsieur et Madame Harold Wilson au Grand Trianon les 19 et 20 juin 1967.

Lors de sa visite en France du 7 au 10 février 1968, le général Abdul Rahman Mohammed Aref, président de la République irakienne, est également accueilli à Trianon. Un rapprochement diplomatique est en cours à cette époque avec certains pays arabes, qui voient dans la France leur principal défenseur dans le monde occidental et sollicitent son aide dans les domaines économique, culturel et même militaire[10]. Le 9 février à 13 heures, le président Aref, accompagné de son épouse, arrive au Grand Trianon par la cour d'honneur où il est salué, à sa descente de voiture, par le secrétaire général de l'Élysée, Bernard Tricot. Le Général et Madame de Gaulle viennent au-devant de leurs hôtes en passant par le Salon rond et les accueillent sur le péristyle. Les deux chefs d'État, Madame Aref et Madame de Gaulle se rendent au salon de la Chapelle par l'antichambre, où le personnel recueille le vestiaire du Président et de son épouse ainsi que celui de leur suite. Bernard Durand, chef du protocole, leur présente alors les personnalités françaises. Après le déjeuner, offert à 13 h 15 dans le salon des Glaces, et le café et les liqueurs, servis dans le salon de la Chapelle, le Président et Madame Aref prennent congé du Général et de Madame de Gaulle. Accompagnés d'André Malraux, ils se rendent vers 14 h 30 au château de Versailles pour une visite tandis que le chef de l'État français et son épouse regagnent leur appartement de Trianon-sous-Bois. Une heure plus tard, le général de Gaulle et le président Aref ainsi que leurs épouses se retrouvent dans la loge royale de l'Opéra pour une représentation.

Le samedi 1er mars 1969, c'est le nouveau président des États-Unis, Richard Nixon, que le général de Gaulle reçoit à Trianon (*fig.* 5). Arrivé à 10 heures, Richard Nixon est accueilli par Bernard Tricot. Le général de Gaulle, qui attend le président américain sur le péristyle, le conduit à son cabinet de travail pour un entretien en tête à tête (*fig.* 6).

Fig. 5. Le général de Gaulle et le président Nixon devant le péristyle du Grand Trianon, 1er mars 1969.
Pages suivantes. Fig. 6. Vue du bureau du président de la République. Archives du château de Versailles, 03002/V1711.

À partir de 11 h 30, l'entretien est élargi et se prolonge jusqu'au déjeuner à 13 h 15. À 14 h 45, les entretiens reprennent (*fig. 7*). Hervé Alphand, secrétaire général du ministère des Affaires étrangères, qui y a assisté, en évoque la teneur : « À Trianon quand il l'a reçu officiellement c'était également un des premiers voyages officiels de Nixon à l'étranger, le premier je crois. Toutes les grandes questions internationales ont été passées en revue, et je suis persuadé que Nixon a ressenti profondément les conseils que lui donnait de Gaulle, que ce soit sur le Vietnam, que ce soit sur le Proche-Orient. Il y avait là Kissinger déjà conseiller diplomatique, et la conversation a été très approfondie et très utile. C'était le moment d'infléchir la ligne que Nixon allait prendre et je crois que l'entrevue a eu un grand effet sur sa politique, en particulier vis-à-vis de la Chine et de la détente[11]. » Les *Foreign Relations of the United States*[12] donnent de ces entretiens un compte rendu plus détaillé et précisent qu'une des questions évoquées a été celle de l'éventualité, pour les États-Unis, de reprendre des relations avec la Chine sans heurter l'URSS. Le Général recommande de renouer avec la Chine avant que celle-ci ne devienne trop puissante, comme la France a pris le parti de le faire. À l'issue de ces entretiens, Nixon quitte le Grand Trianon pour se rendre à l'ambassade des États-Unis (*fig. 8*).

Même si des entretiens de la première importance ont ainsi eu lieu au Grand Trianon sous la présidence du général de Gaulle, on peut s'interroger sur le fait que peu de réceptions s'y sont tenues alors que, dans le même temps, des cérémonies officielles étaient encore organisées à Versailles.

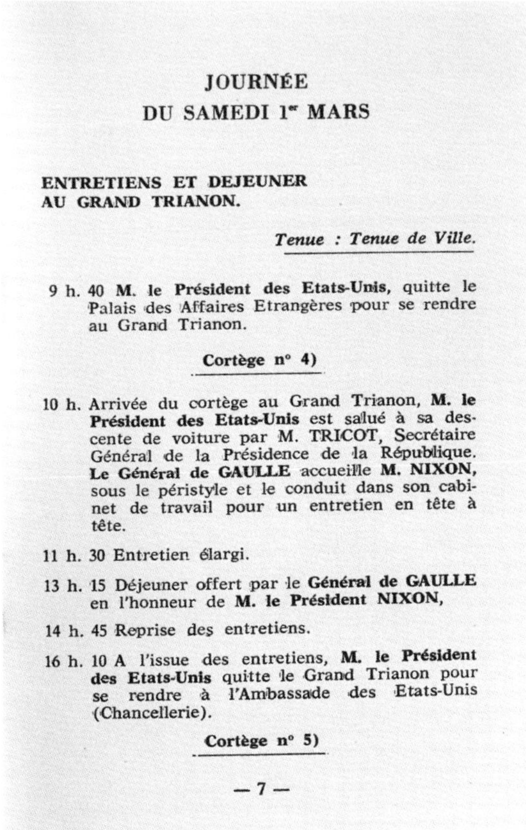
JOURNÉE
DU SAMEDI 1er MARS

ENTRETIENS ET DEJEUNER AU GRAND TRIANON.

Tenue : Tenue de Ville.

9 h. 40 **M. le Président des Etats-Unis,** quitte le Palais des Affaires Etrangères pour se rendre au Grand Trianon.

Cortège n° 4)

10 h. Arrivée du cortège au Grand Trianon, **M. le Président des Etats-Unis** est salué à sa descente de voiture par M. TRICOT, Secrétaire Général de la Présidence de la République. **Le Général de GAULLE** accueille **M. NIXON,** sous le péristyle et le conduit dans son cabinet de travail pour un entretien en tête à tête.

11 h. 30 Entretien élargi.

13 h. 15 Déjeuner offert par le **Général de GAULLE** en l'honneur de **M. le Président NIXON,**

14 h. 45 Reprise des entretiens.

16 h. 10 A l'issue des entretiens, **M. le Président des Etats-Unis** quitte le Grand Trianon pour se rendre à l'Ambassade des Etats-Unis (Chancellerie).

Cortège n° 5)

— 7 —

Fig. 7. Voyage en France de Monsieur Richard Nixon, président des États-Unis d'Amérique, du 28 février au 2 mars 1969. Programme de la journée du samedi 1er mars à Trianon. Archives du château de Versailles, 03001/VI9.

Fig. 8. Le général de Gaulle raccompagnant le président Nixon à l'issue de sa visite au Grand Trianon, 1er mars 1969. Paris, Archives nationales, AG/5(1)/SPH/63.

Fig. 1. Le « service Trianon » commandé en 1967 à la manufacture de Sèvres pour les réceptions au Grand Trianon, 2016. Présidence de la République.

Dans les cuisines de Trianon-sous-Bois

Marie-France Noël-Waldteufel

DE LA TABLE ROYALE À LA TABLE PRÉSIDENTIELLE

—

Sous l'Ancien Régime, à Versailles, les visites de souverains étrangers donnaient lieu à des réceptions où les fêtes somptueuses et les plaisirs de la table participaient à la magnificence et à la renommée de la cour de France. Le prestige de la table royale n'a pas disparu avec la monarchie. La gastronomie française est restée pour les tables présidentielles une arme diplomatique lors des réceptions officielles. Aux banquets pantagruéliques de la IIIe République ont succédé des repas plus simples : entrée, plat, dessert, avec trois vins. Si l'élaboration des menus suit l'évolution du goût et de la diététique, le choix des plats impose toujours la perfection du produit, le savoir-faire unique des cuisiniers, pâtissiers et sommeliers, l'excellence de la cave présidentielle.

Au cours des repas officiels, c'est le service dit « au plat à la française » qui est pratiqué depuis la IVe République. Le maître d'hôtel présente le plat par la gauche au convive, qui se sert à l'aide des couverts disposés à son intention[1].

Sous la présidence de Charles de Gaulle, les intendances du palais de l'Élysée ou du ministère des Affaires étrangères, dans le cas d'une réception officielle d'un hôte étranger, sont chargées de l'organisation matérielle des réceptions. Ce sont donc les services de table de l'Élysée qui sont utilisés à Trianon. Assiettes en porcelaine de Sèvres, services de verres de Baccarat, couverts d'argent de la maison Puiforcat, nappes blanches, surtouts d'argent massif datant de la IIIe République complétés de compositions florales, tout est apporté de Paris. Les services « historiques » de porcelaine, comme le « service aux oiseaux » créé sous le Second Empire et le service à dessert « aux paysages de France » de Caroline Murat, sont utilisés lors des réceptions à Trianon, selon le témoignage d'une « lavandière[2] ». Mais l'intendance émet des réserves quant à leur utilisation à Trianon en raison du risque et des conditions de transport. En 1967, un « service Trianon » est donc commandé à la manufacture de Sèvres pour les réceptions à Trianon-sous-Bois (*fig. 1*). D'un décor classique, fond uni blanc entouré d'un marli « beau bleu » souligné d'un filet d'or et d'une frise de motifs Premier Empire, il comprend assiettes, patelles à pain cannelées, raviers de forme bateau, soupières et bols à consommé, saladiers et compotiers.

LES CUISINES ET OFFICES DE TRIANON, REFLET DU SAVOIR-FAIRE HÔTELIER FRANÇAIS

Selon le cahier des charges, les aménagements, sur près de huit cents mètres carrés en sous-sol, doivent comprendre « une cuisine et office pour les repas à servir au chef d'État, des salles à manger pour le personnel de sécurité et celui attaché au chef d'État, des chambres pour le personnel de cuisine », et pour les grandes réceptions « des installations comprenant appareils de cuisine, plonge, offices[3] ». Ces dernières permettent la préparation de repas pour cent cinquante à deux cents couverts dans la galerie des Cotelle et vingt-quatre à quarante personnes dans le salon des Jardins.

Les espaces de la cuisine sont répartis entre lieux de stockage, de préparation, de cuisson, de dressage pour le froid et le chaud, garde-manger, lieux dévolus à la pâtisserie, au service de la boisson et du café, à la plonge. Tout a été pensé pour rationaliser le travail. Le matériel correspond au meilleur de la technologie dans les équipements hôteliers ou industriels. En îlot central, un vaste piano surmonté de hottes aspirantes, en fonte et en acier inoxydable, a été fabriqué par les établissements Bergerand (*fig. 3*). Il est équipé de fours à rôtir, de foyers sous plaque pour les coups de feu, de brûleurs pour feux vifs, de salamandres (*fig. 2*). À proximité, deux marmites destinées aux grosses préparations, comme la cuisson des crustacés, des légumes ou des potages pour le personnel, ont une capacité de cent litres. Les fours électriques, conçus par l'ingénieur Ponton, sont fabriqués par la société Lemeunier, le matériel de pâtisserie comme le mélangeur-batteur par l'Américain

Fig. 2. Fours et plaques de cuisson des cuisines de Trianon-sous-Bois, 2016.

Fig. 3. Îlot central des cuisines de Trianon-sous-Bois, 2016.
Fig. 4. Réfrigérateurs et congélateurs des cuisines de Trianon-sous-Bois, 2016.

Hobart, implanté en France depuis les années 1920. Avec leurs grosses portes de bois verni, les réfrigérateurs et congélateurs, typiques des années 1960, sont fournis par la société Satam Neve, sous-traitant de Bergerand (*fig. 4*). Un appareil à fabriquer automatiquement de la glace en cube peut produire trente-cinq kilos de glaçons, mais nécessite une mise en marche au minimum douze heures à l'avance.

Cette cuisine de rêve « high-tech » souffre cependant de quelques imperfections. Le personnel se plaint d'un manque évident de lieu de stockage pour la vaisselle et le linge. Le monte-charge en particulier exige que la dimension des plats longs n'excède pas 30 × 60 cm, 35 cm de diamètre pour les ronds ; il devient la bête noire des maîtres d'hôtel, qui préfèrent monter l'escalier très raide et dangereux, les lourds plats leur brûlant les bras.

La préparation des repas lors des réceptions officielles à Trianon n'est pas confiée au personnel des cuisines de l'Élysée mais à des traiteurs, comme Battandier, Potel & Chabot, puis Lenôtre. Il est vrai que, à l'époque du général de Gaulle, on ne compte que six cuisiniers et pâtissiers, auxquels viennent prêter régulièrement main-forte des extras effectuant leur service militaire. Au début de son premier mandat, les cuisiniers sont issus des rangs de la Marine nationale.

Le général de Gaulle, homme de rigueur, n'est pas porté sur les plaisirs de la table. Il aime manger à heure fixe – 13 h 15 pour le déjeuner et 20 h 15 pour le dîner. Le foie gras, que le Général apprécie, n'est servi qu'en troisième plat, avec la salade, et Madame de Gaulle, soucieuse du budget de la France, préfère des menus simples et s'inspire souvent pour leur composition des recettes trouvées dans les magazines féminins.

Les deux grands professionnels et complices Joël Normand[4] (entré en 1965, meilleur ouvrier de France) et Francis Loiget[5] (entré en 1962), qui œuvreront quarante ans durant dans les cuisines élyséennes, trouvaient qu'ils pouvaient avantageusement remplacer les prestations des traiteurs. Ils obtiennent dans un premier temps de pouvoir préparer tous les petits fours et toasts pour les cocktails. Plus tard, ils pourront prendre entièrement la main, jusqu'à assurer l'élaboration complète des menus, accompagnant même le Président dans ses déplacements officiels. Et la brigade s'étoffera ! La table présidentielle redevient alors fastueuse, dans la grande tradition de la cuisine française élaborée par Escoffier.

LES MENUS

—

La réception officielle d'un chef d'État étranger obéit à un protocole très élaboré. Le menu servi se doit de refléter toute l'importance diplomatique de ce moment historique. La gastronomie française participe à la réussite de cette rencontre.

DEJEUNER DU 19 JUIN 1967

Homard de Bretagne
à la Parisienne

Poularde de Bresse truffée

Fromages

Savarin aux fruits

Riesling 1964
Château Lafite Rothschild 1959
Dom Ruinart 1961

Fig. 5. Menu du déjeuner donné pour Harold Wilson, Premier ministre du Royaume-Uni, le 19 juin 1967. Collection Jean-Maurice Sacré.
Fig. 6. Vue de la salle à manger de Trianon-sous-Bois, 1966. Archives du château de Versailles, 03002/NV1680.

PRESIDENCE
de la
REPUBLIQUE

HEURE : **I3 H. I5**
TENUE : **Ville**

DEJEUNER DU MARDI 20 DECEMBRE 1966
TRIANON

M. le Capitaine de Vaisseau de GAULLE

	8	8	
Comte Robert de LESSEPS	7	7	**M. l'Amiral BONHAM-CARTER**
M. le Général LEWTHWAITE	6	6	**Madame BURIN des ROZIERS**
Marquise de PANGE	5	5	**M. EVERSON**
M. l'Amiral CABANIER	4	4	**Lady SALISBURY-JONES**
Madame LEDWIDGE	3	3	**S. Exc. M. Charles CORBIN**
S. Exc. M. de COURCEL	2	2	**Madame de COURCEL**
Madame COUVE de MURVILLE	1	1	**S.A.R. le Prince PHILIP**
M. le Général de GAULLE	0	0	**Madame de GAULLE**
Lady REILLY	1	1	**Sir Patrick REILLY**
M. COUVE de MURVILLE	2	2	**Madame CABANIER**
Marquise de SAINT-GENYS	3	3	**M. LEDWIDGE**
Sir Guy SALISBURY-JONES	4	4	**Madame EVERSON**
Comtesse Robert de LESSEPS	5	5	**Marquis de SAINT-GENYS**
Marquis de PANGE	6	6	**Madame LEWTHWAITE**
Madame Ph. de GAULLE	7	7	**M. BURIN des ROZIERS**
	8	8	

M. Bernard DURAND

PLAN de TABLE

Nombre de couverts : **32**

ENTREE

Fig. 7. Plan de table pour le déjeuner donné lors de la réception du prince Philippe, duc d'Édimbourg, le 20 décembre 1966. Paris, Archives des Affaires étrangères, 412 INVA/707.

Huîtres, crustacés ou poissons composent les entrées ; l'agneau et les volailles sont servis rôtis et entourés de garnitures à l'effet visuel remarquable. Pour effacer un mauvais souvenir, les petits pois ne s'appellent plus « Clamart » mais « Sévigné ». Les desserts sont mis en scène sur des socles de nougatine, avec des effets lumineux. Les meilleurs crus accompagnent les plats : toujours un vin blanc avec l'entrée, un rouge avec le plat et du champagne avec le dessert. La cave de l'Élysée est aussi une vitrine de l'excellence française.

Lors de la visite du Premier ministre britannique Harold Wilson le 19 juin 1967, un déjeuner privé de dix couverts est organisé dans la salle à manger (*fig. 6*). Le menu est présenté sur un petit carton liseré d'or, comme pour tous les repas en privé (*fig. 5*). Hérité de la IVe République, ce type de menu trop simple déplaît à André Malraux et il fait créer un modèle officiel pour les repas « hors les murs » comme à Versailles, avec une représentation du château de Versailles ou de Trianon[6]. C'est ce modèle qui est utilisé pour le déjeuner donné le 20 décembre 1966 pour le duc d'Édimbourg (*fig. 7, 8 et 9*) ou encore lors du dîner du 1er mars 1969 à l'occasion de la visite du président Nixon.

EN L'HONNEUR DE SON ALTESSE ROYALE
LE PRINCE PHILIP, DUC D'EDIMBOURG
Déjeuner du 20 Décembre 1966

Foie gras aux raisins

Bar à la Daumont

Filet de bœuf en brioche Périgourdine

Fonds d'artichauts Judic

Salade

Ananas givrés

Gewurztraminer 1964

Château Haut-Brion (Graves sec 1961)

Romanée Saint Vivant 1955

Heidsieck Dry Monopole 1961

Fig. 8. Menu du déjeuner donné pour le prince Philippe, duc d'Édimbourg, le 20 décembre 1966.
Collection Jean-Maurice Sacré.

Fig. 9. Table du déjeuner donné pour le prince Philippe, duc d'Édimbourg, dans le salon des Glaces, le 20 décembre 1966. Archives du château de Versailles, 03002/NV6559.

Épilogue

Fig. 1. La reine Élisabeth II et le président Georges Pompidou lors du dîner donné dans la galerie des Cotelle le 15 mai 1972.

Pages précédentes. La reine Élisabeth II au Grand Trianon avec le président Georges Pompidou le 15 mai 1972.

Pages suivantes. Fig. 2. Chefs d'État et de gouvernement réunis à l'occasion du G7, juin 1982.

Après le général de Gaulle

Karine McGrath

« Je travaille pour l'avenir », avait dit le général de Gaulle à son directeur de cabinet en février 1964 à propos des aménagements de l'aile de Trianon-sous-Bois qu'il venait de décider[1]. Il suggérait par là qu'il ne serait pas le principal utilisateur des lieux. Effectivement, la fonction qu'il avait attribuée au Grand Trianon prendra pleinement son sens sous ses successeurs à la présidence de la République. Entre 1970 et 1992, date du dernier dîner officiel, en l'honneur de Boris Eltsine, trente et une des quarante réceptions organisées à Versailles auront pour cadre le Grand Trianon[2]. Georges Pompidou préférera d'ailleurs ce lieu au palais de l'Élysée pour offrir à ses hôtes, de façon systématique, le dîner officiel au premier soir de leur séjour. En 1971, on dénombre ainsi quatre dîners, cinq l'année suivante, trois en 1973. Tous se tiennent dans la galerie des Cotelle, pour cent cinquante personnes environ, la soirée se poursuivant par une représentation à l'opéra du château de Versailles.

Depuis Leonid Brejnev, en octobre 1971, jusqu'au roi d'Arabie Saoudite, en mai 1978, dix séjours seront organisés. Conformément au programme architectural décidé sous le général de Gaulle, le chef d'État étranger est logé dans l'aile gauche du palais. Il occupe en revanche la chambre de Louis-Philippe et non celle de l'Impératrice, pourtant envisagée initialement à cet effet. Son épouse, ou le prince consort pour la reine d'Angleterre en 1972 (*fig. 1*), se voit attribuer la chambre qu'occupait le baron Fain sous le Premier Empire. Les membres de la suite, au nombre de vingt-cinq, vingt-huit tout au plus, sont répartis entre le rez-de-chaussée et l'entresol.

Les présidents de la République successifs ne feront guère plus l'usage de l'aile de Trianon-sous-Bois que ne l'avait fait le général de Gaulle. En revanche, le protocole en vigueur du temps de Georges Pompidou et sous François Mitterrand perpétue la tradition d'un président de la République recevant « chez lui ». Son arrivée précède de quelques minutes celle de son hôte et se fait nécessairement par Trianon-sous-Bois, avant qu'il ne se rende sous le péristyle pour accueillir l'invité. Valéry Giscard d'Estaing rendra la pratique moins formelle, en accompagnant ses homologues en un même cortège jusqu'au Grand Trianon (*fig. 3*).

Finalement, la fonction politique du Grand Trianon voulue par le général de Gaulle connaîtra son point d'orgue avec le sommet des sept pays les plus industrialisés, le G7 des 4, 5 et 6 juin 1982. Alors que le château de Versailles est le siège des réunions de travail et de la fastueuse soirée de clôture, Trianon est bien le lieu d'accueil du sommet. C'est sous son péristyle que François Mitterrand reçoit un à un ses homologues le premier jour et que la photographie officielle est réalisée (*fig.* 2). Dans le salon des Jardins se tiennent les dîners des 4 et 5 juin. Dans les différentes ailes sont logées les délégations. À chacune est attribuée une suite et trois ou quatre chambres, ainsi qu'une salle de réunion. La chambre de Louis-Philippe est ainsi occupée par Ronald Reagan, président des États-Unis et seul chef d'État du sommet avec François Mitterrand. La chambre du baron Fain et celles alentour sont imparties à Margaret Thatcher et à sa suite. Le chancelier de la République fédérale d'Allemagne, Helmut Schmidt, occupe l'appartement de l'Empereur. À Trianon-sous-Bois, dans les appartements du président de la République française, on aménage le rez-de-chaussée pour accueillir la délégation japonaise en créant quatre nouvelles salles de bains. L'étage est réservé au chef de l'État français, qui occupe la chambre attribuée en son temps à Madame de Gaulle[3].

La tenue de ce sommet de 1982 a amorcé à n'en pas douter le déclin de la fonction politique du Grand Trianon et de Versailles plus généralement. Aux difficultés organisationnelles, pour les services d'une présidence devant travailler hors de leurs murs, s'ajoute l'incompréhension d'une opinion publique devenue de plus en plus critique. La décision du général de Gaulle de faire du Grand Trianon un lieu majeur de résidence et de réception de chefs d'État étrangers avait globalement emporté l'adhésion des Français. Pourtant, en 1963 déjà, le Premier ministre Georges Pompidou demandait qu'il y ait « le minimum de gêne pour la population parisienne » lors de la réception pour la Grande-Duchesse de Luxembourg, et qu'il ne soit pas fait « étalage de magnificence à l'occasion de la soirée à Versailles[4] ». En effet, dix-neuf ans plus tard, c'est la « diplomatie du spectacle[5] », le coût d'un tel sommet[6], son « décalage par rapport à l'état du monde[7] » qui sont brocardés.

Rétrocédée par le ministère des Affaires étrangères à l'Établissement public du château de Versailles en 2011, l'aile gauche du Grand Trianon ne sera probablement plus le cadre de séjours de chefs d'État étrangers. Mais le dîner privé offert le 27 mars 2014 à Trianon-sous-Bois par le président François Hollande au président Xi Jinping en visite d'État en France, en évocation de la reconnaissance de la République populaire de Chine par le général de Gaulle, marquera peut-être un renouveau par le biais du souvenir d'une précédente visite, ou d'une commémoration.

Fig. 3. Les présidents Valéry Giscard d'Estaing et Jimmy Carter dans le Salon rond du Grand Trianon, le 5 janvier 1978.

NOTES

—

Un chantier présidentiel

1. Jean Coural et Chantal Gastinel-Coural, *L'Élysée : Histoire et décors depuis 1720*, Paris, Faton, 1995, p. 106.
2. Archives du château de Versailles, 03002/(2)1957-1966 2.
3. Archives nationales, AG/5(1)/1502.
4. *Ibid.*
5. *Ibid.*
6. Archives nationales, AG/5(1)/1531.
7. L'ensemble des sources relatives aux travaux menés par Marc Saltet provient du fonds de l'Agence d'architecture, Archives du château de Versailles, 03002/(2)1957-66 1 à 13.
8. Archives nationales, AG/5(1)/1502.
9. Archives nationales, AG/5(1)/1531.
10. *Ibid.*
11. Archives nationales, 20070344/2016.
12. Archives du château de Versailles, 03001/VG3.

Les ameublements du Grand Trianon

1. Gérald Van der Kemp, « Musée de Versailles et des Trianons. La restauration du Grand Trianon », *Revue du Louvre*, 1967, p. 176-188.
2. Archives du Mobilier national, MM 1060. La liste jointe ne se retrouve plus.
3. Décret du 13 février 1961 relatif au décor mobilier du château de Versailles, des Trianons et des anciennes demeures royales disparues.
4. Deux cartons conservent au Mobilier national les documents qui ont servi ici : MM 1060 et MM 1061. Un carton exclusivement voué à Serge Royaux, MM 2264, a disparu, tout comme le jeu de photographies contemporaines de l'inauguration pour le rez-de-chaussée et les plans envoyés par Saltet, sauf pour le sous-sol.
5. Denise Ledoux-Lebard, *Le Grand Trianon. Meubles et objets d'art*, Paris, De Nobele, 1975, p. 50-51.
6. Ernest Dumonthier, *Lits et lits de repos*, Paris, s.d.
7. Van der Kemp, « Musée de Versailles… », p. 178.

Un décorateur pour Trianon : Serge Royaux, le « sens du palais »

1. Date donnée dans Éveline Schlumberger, « Les règles de décoration qui font le succès de Serge Royaux », *Connaissance des arts*, n° 154, décembre 1964, p. 127.
2. Anne Royaux, épouse de Serge Royaux, nous a fait part du rôle de Malraux et a confirmé cette citation, donnée par Jean-Louis Gaillemin, « Un décorateur partisan de la vie, Serge Royaux », *Réalités*, n° 376, juin 1977, p. 50. Hervé Brunaux, « Les palais Royaux », *Le Festin*, n° 84, hiver 2013, p. 58, souligne aussi le rôle de Malraux dans la carrière de Royaux.
3. Serge Royaux-Dehant est né le 22 février 1924 à Rocroi (Ardennes) dans une famille de notaires.
4. Parcours donné par Gaillemin, « Un décorateur… », p. 48.
5. Nous adressons nos plus vifs remerciements à Anne Royaux, qui a répondu avec une grande amabilité à nos questions et nous a transmis des documents d'archives.
6. Information donnée par Anne Royaux.
7. La presse a relayé la décoration de ses deux demeures successives, l'hospice de Malrigou (1953) puis le château de la Sudrie (1965) : Philippe Jullian, « Serge Royaux, époque blanche », *Connaissance des arts*, n° 144, février 1964, p. 78-85 ; *id.*, « An Eighteenth-Century Villa in Périgord », *Architectural Digest*, mai-juin 1976, p. 38-45.
8. Décorateurs cités dans Schlumberger, « Les règles… », p. 130, et Gaillemin, « Un décorateur… », p. 49.
9. Schlumberger, « Les règles… », p. 132.
10. Cf. *Chefs-d'œuvre de l'Art déco, collections de M. et Mme Serge Royaux et à divers*, vente, Paris, Drouot, 29 novembre 1995.
11. Sur Royaux et Ruhlmann : « 1925 », *Connaissance des arts*, n° 172, juin 1966, p. 64-69 ; Hélène Demoriane, « J'aime le 1925 », *Connaissance des arts*, n° 219, mai 1970, p. 82-89.
12. « Visite à Rouen », *Maison et Jardin*, n° 132, avril 1967, p. 90-95.
13. La formule des lampes encadrant un canapé est souvent employée : « Décors qui tiennent leurs promesses », *Maison et Jardin*, n° 83, mars 1962, p. 134 ; chez Jean Daladier, Schlumberger, « Les règles… », p. 128. Pour les paravents, cf. son salon à Saint-Jean-d'Estissac, Jullian, « An Eighteenth-Century Villa… », p. 40, ou chez les Schlumberger, Schlumberger, « Les règles… », p. 128-129.
14. « Je ne suis pas coloriste. Je ne me préoccupe pas d'emblée de savoir si un décor sera bleu marine ou vert » : cité dans Schlumberger, « Les règles… », p. 132.
15. Royaux emploie aussi ces deux couleurs séparément : le bleu vif dans sa maison de Saint-Jean-d'Estissac, le vert dans le « bureau d'un homme d'affaires » aux meubles de Ruhlmann (Gaillemin, « Un décorateur… », p. 50) et dans le salon de Jean Daladier (Schlumberger, « Les règles… », p. 128).
16. Jullian, « Serge Royaux… », p. 79.
17. « Un château rajeuni », *Connaissance des arts*, n° 204, février 1969, p. 75-81.
18. Information donnée par Anne Royaux.
19. Archives du Mobilier national, MM 1061.
20. Formule provenant d'une note de Jean Coural en 1965, archives du Mobilier national, MM 1061.
21. Archives du Mobilier national lacunaires sur ces commandes, qui nous sont connues par un document issu des archives privées de Serge Royaux.
22. Gaillemin, « Un décorateur… », p. 48-53, 98.
23. « Today's Designers Legendary Design », *Architectural Digest*, janvier 2002, p. 108.
24. Brunaux, « Les palais Royaux… », p. 60.
25. Sur ces décorateurs, cf. Guy Bloch-Champfort, Patrick Favardin, *Les Décorateurs des années 60-70*, Paris, Norma, 2007, 336 p.

Les chefs d'État étrangers à Trianon sous la présidence du général de Gaulle

1. Jean-Paul Pancracio et Pierre-Henri Guignard, *Protocole et cérémonial : « L'ordre de la République »*, Paris, Pedone, 2012, p. 107-116.
2. 1960 : roi de Thaïlande, président de la République malgache ; 1962 : roi de Norvège, président de la République de Finlande ; 1963 : président de la République du Mexique ; 1965 : roi d'Afghanistan, président de la République du Chili ; 1966 : roi du Laos, roi du Népal ; 1967 : président de la République islamique du Pakistan.
3. 1961 : roi de Belgique, président des États-Unis d'Amérique ; 1963 : roi de Suède, roi du Maroc, grande-duchesse de Luxembourg ; 1965 : roi du Danemark.
4. Information communiquée par Karine McGrath, qui nous a transmis la liste

répertoriant les réceptions officielles données à Versailles depuis la IIIe République.
5. Archives du ministère des Affaires étrangères, La Courneuve, Protocole, C61, 1960-1975 (125 SUP).
6. Fabien Oppermann, *Le Versailles des présidents : 150 ans de vie républicaine chez le Roi-Soleil*, Paris, Fayard, 2015, p. 146-147.
7. Cité par Maurice Vaïsse, *La Grandeur. Politique étrangère du général de Gaulle*, Paris, Fayard, 1998, p. 304.
8. Article du *Figaro* du 29 mars 1966, cité par Oppermann, *Le Versailles…*, p. 134.
9. Vaïsse, *La Grandeur…*, p. 302.
10. *Ibid.*, p. 644-645.
11. Hervé Alphand, Étienne Burin des Roziers, Edmond Jouve, Stanley Hoffmann et Gilbert Pilleul, « Table ronde : les relations franco-américaines au temps du général de Gaulle », *Espoir*, nº 26, 1979.
12. *Foreign Relations of the United States 1969-1976*, vol. I, Foundations of Foreign Policy, 1969-1972, Document 14, Editorial Note.

Dans les cuisines de Trianon-sous-Bois
1. Dans le service « à la russe », c'est le maître d'hôtel qui sert le convive. Le « service à l'assiette », plus moderne, n'est pas pratiqué lors des repas officiels.
2. Témoignage de Mme Loiget, épouse du chef pâtissier qui a participé aux réceptions à Versailles à partir de 1966, chargée de l'essuyage.
3. Marché pour la société Bergerand, marché nº 64.71.078.202.78.23, dépense 14, 1962, archives de M. Saltet, archives du service de l'architecture du château de Versailles.
4. Joël Normand, *La Ve République aux fourneaux*, Paris, La Table ronde, 2000.
5. Francis Loiget, *Les Cuisines de l'Élysée, le pâtissier des présidents raconte…*, Paris, Pygmalion, 2007.
6. Entretiens avec Joël Normand et Francis Loiget.

Après le général de Gaulle
1. Archives nationales, AG/5(1)/1569.
2. Recensement établi à partir des cartons 03001/VI 9 à 32 (fonds du musée, « réceptions officielles »), Archives du château de Versailles.
3. Archives du château de Versailles, 03002/(2) 1982-3 à 8.
4. Archives du château de Versailles, 03001/VI 5.
5. *Le Monde*, « M. Reagan va commencer en France sa première tournée européenne. Du "coin du feu" au feu d'artifice », 1er juin 1982.
6. *Le Monde*, « La sécurité avant tout… mais aussi la grandeur », 3 juin 1982.
7. *Paris Match*, « Du sommet de Versailles il restera au moins ça… La fête de la rose en mondiovision », nº 1725, 18 juin 1982.

BIBLIOGRAPHIE

—

Le général de Gaulle, André Malraux

ANDRIEU (Claire), BRAUD (Philippe), PIKETTY (Guillaume) *et al.*, *Dictionnaire De Gaulle*, Paris, Robert Laffont, 2006.

De Gaulle en son siècle, 8 vol., actes des Journées internationales organisées par l'Institut Charles de Gaulle du 19 au 24 novembre 1990, Paris, La Documentation française/Plon, 1991-1992.

De Gaulle et Malraux, actes du colloque organisé par l'Institut Charles de Gaulle du 13 au 15 novembre 1986, Paris, Plon, 1987.

DUVAL-STALLA (Alexandre), *André Malraux, Charles de Gaulle, une histoire, deux légendes : biographie croisée*, Paris, Gallimard, 2008.

FOULON (Charles-Louis) (dir.), *André Malraux et le rayonnement culturel de la France*, Bruxelles, Complexe, 2004.

FOULON (Charles-Louis), MOSSUZ-LAVAU (Janine) et SAINT-CHÉRON (Mickaël de), *André Malraux : dictionnaire*, Paris, CNRS, 2011.

GAULLE (Charles de), *La Discorde chez l'ennemi*, Paris, Berger-Levrault, 1924.

GAULLE (Charles de), *Mémoires*, Paris, Gallimard, coll. « Bibliothèque de la Pléiade », 2000.

GAULLE (Charles de) et GAULLE (Philippe de), *Lettres, notes et carnets, 1905-1970*, 3 vol., Paris, Robert Laffont, 2010.

GAULLE (Philippe de), *Mémoires accessoires, 1921-1982*, 2 vol., Paris, Perrin, 2010.

GIRARD (Augustin) et GENTIL (Geneviève), *Les Affaires culturelles au temps d'André Malraux, 1959-1969*, journées d'étude des 30 novembre et 1er décembre 1989, Paris, Comité d'histoire du ministère de la Culture et de la Communication/La Documentation française, 1996.

HERVIER (Dominique), *André Malraux et l'architecture*, Paris, Le Moniteur/Comité d'histoire du ministère de la Culture et de la Communication, 2008.

HOLLEAUX (André), *Malraux ministre au jour le jour, souvenirs d'André Holleaux*, Paris, Comité d'histoire du ministère de la Culture et de la Communication/La Documentation française, 2004.

LA GORCE (Paul-Marie de), *De Gaulle*, Paris, Perrin, 1999.

LARCAN (Alain), *De Gaulle inventaire. La culture, l'esprit, la foi*, Paris, Bartillat, 2003.

LAURENT (Xavier), « Les sept merveilles de France : la loi de programme du 31 juillet 1962 sur les monuments historiques », *Livraisons d'histoire de l'architecture*, nº 3, 1er semestre 2003, p. 113-125.

MALRAUX (André), *La Métamorphose des dieux*, Paris, Gallimard, 1957.

MALRAUX (André), *Les Chênes qu'on abat…*, Paris, Gallimard, 1971.

MALRAUX (André), *Le Miroir des limbes*, Paris, Gallimard, 1976.

PEYREFITTE (Alain), *C'était de Gaulle*, 3 vol., Paris, Éditions de Fallois/Fayard, 1994-1999.

POGNON (Edmond), *De Gaulle et l'histoire de France : trente ans éclairés par vingt siècles*, Paris, Albin Michel, 1970.

VAÏSSE (Maurice), *La Grandeur : politique étrangère du général de Gaulle, 1958-1969*, Paris, Fayard, 1998.

Le palais de l'Élysée

COURAL (Jean) et GASTINET-COURAL (Chantal), *L'Élysée : histoire et décor depuis 1720*, Paris, Faton, 1995.

DULONG (Claude), *La Vie quotidienne à l'Élysée au temps de Charles de Gaulle*, Paris, Hachette, 1974.

POISSON (Georges), *L'Élysée : histoire d'un palais*, Paris, Pygmalion, 2010.

Versailles et le Grand Trianon

BENOÎT (Jérémie), *Le Grand Trianon. Un palais privé à l'ombre de Versailles, de Louis XIV à Napoléon et de Louis-Philippe au général de Gaulle*, Lathuile, Éditions du Gui/Château de Versailles, 2009.

BÉRENGUIER (Raoul), *Versailles. Le Grand Trianon*, Paris, Éditions Albert Morancé, 1966.

DA VINHA (Mathieu) et MASSON (Raphaël), *Versailles : histoire, dictionnaire et anthologie*, Paris, Robert Laffont, 2015.

FERRAND (Franck), *Ils ont sauvé Versailles, de 1789 à nos jours*, Paris, Perrin, 2003.

FERRAND (Franck), *Gérald Van der Kemp, un gentilhomme à Versailles*, Paris, Perrin, 2005.

LEDOUX-LEBARD (Denise), « Le palais du Grand Trianon sous l'Empire », *Revue de l'Institut Napoléon*, n° 103, avril 1967, p. 49-56.

LEDOUX-LEBARD (Denise), *Le Grand Trianon. Meubles et objets d'art*, Paris, F. de Nobele/Éditions des Musées nationaux, 1975.

OPPERMANN (Fabien), *Le Versailles des présidents, 150 ans de vie républicaine chez le Roi-Soleil*, Paris, Fayard/Centre de recherche du château de Versailles, 2015.

SALTET (Marc), « Le Grand Trianon », *Versailles. Revue des Sociétés des amis de Versailles*, n° 28, 1966, p. 11-20.

SALTET (Marc), *Vingt ans chez le Roi-Soleil, souvenirs de l'architecte en chef, conservateur du domaine national de Versailles de 1954 à 1973*, Paris, Phileas Fogg, 2002.

SCHNAPPER (Antoine), *Tableaux pour le Trianon de marbre : 1688-1714*, Paris, Mouton, 1967.

TISSERAND (Aurore), *Le Grand Trianon sous Charles de Gaulle, la mise en place de la résidence présidentielle et pour les hôtes de la France*, mémoire de master 2 sous la direction de Claude Massu, université Paris 1 Panthéon-Sorbonne, juin 2012.

VAN DER KEMP (Gérald), *Versailles. Le Grand Trianon*, Paris, Éditions des Musées nationaux, coll. « Guides du visiteur », 1966.

VAN DER KEMP (Gérald), *Versailles. Le Grand Trianon*, Versailles, Éditions d'Art Lys, 1967.

VAN DER KEMP (Gérald), « La restauration du Grand Trianon », *La Revue du Louvre et des Musées de France*, n° 3, 1967, p. 176-188.

ZIESENISS (Charles-Otto), « Napoléon et les tableaux du Grand Trianon », *Bulletin de la Société de l'histoire de l'art français*, 1967, p. 253-308.

Le Mobilier national

BABELON (Jean-Pierre), « Jean Coural, (1925-2001) », *Bibliothèque de l'École des chartes*, t. 159, deuxième livraison (juillet-décembre 2001), Paris, Genève, Éditions Librairie Droz, 2002, p. 731-734.

COURAL (Jean), *Paris. Mobilier national. Soieries Empire*, Paris, Réunion des musées nationaux, 1980.

DUMONTHIER (Ernest), *Lits et lits de repos*, Paris, sans date.

GAILLEMIN (Jean-Louis), « Un décorateur partisan de la vie, Serge Royaux », *Réalités*, n° 376, *juin 1977*.

SCHLUMBERGER (Éveline), « Les règles de décoration qui font le succès de Serge Royaux », *Connaissance des arts*, n° 154, *décembre* 1964.

Réceptions et protocole

ALEXIS (Jean-Paul), *Au protocole du général de Gaulle, souvenirs insolites de l'Élysée*, Paris, Perrin, 1999.

ALPHAND (Hervé), BURIN DES ROZIERS (Étienne), JOUVE (Edmond), HOFFMANN (Stanley) et PILLEUL (Gilbert), « Les relations franco-américaines au temps du général de Gaulle », table ronde, *Espoir*, n° 26, 1979.

DÉLOYE (Yves), HALOCHE (Claudine) et IHL (Olivier), *Le Protocole ou la mise en forme de l'ordre politique*, Paris, L'Harmattan, 1996.

DEREYMEZ (Jean-William), IHL (Olivier) et SABATIER (Gérard), *Un cérémonial politique : les voyages officiels des chefs d'État*, Paris, L'Harmattan, 1998.

La Table à l'Élysée : réceptions officielles des présidents depuis la IIIe *République*, cat. exp., musée du Président-Jacques-Chirac, 22 octobre 2005-30 avril 2006, Milan, 5 Continents Éditions, 2005.

LE DOLEDEC (Anne), *Évolution des menus à l'Élysée de 1947 à nos jours*, mémoire *ad hoc* au département de sciences sociales de l'École normale sous la direction de Frédérique Matonti, 1997.

LOIGET (Francis), *Les Cuisines de l'Élysée, le pâtissier des présidents raconte…*, Paris, Pygmalion, 2007.

NORMAND (Joël) et DONCIEUX (Pierre), *La V*[e] *République aux fourneaux*, Paris, Éditions de la Table ronde, 2000.

PANCRACIO (Jean-Paul) et GUIGNARD (Pierre-Henri), *Protocole et cérémonial : « L'ordre de la République »*, Paris, Pedone, 2012.

RIGAUD (Jacques), *L'Exception culturelle, culture et pouvoir sous la V*[e] *République*, Paris, Grasset, 1995.

SACRÉ (Jean-Maurice) et BERTIN (François), *Invitation à l'Élysée. 150 ans de réceptions présidentielles*, Rennes, Éditions Ouest-France, 2011.

Articles de presse et revues spécialisées publiés après la restauration du Grand Trianon

« A return to splendor », *Time Magazine*, vol. 87, n° 24, 17 juin 1966, p. 92-94.

BOURCIER (Paul), « Miracle et secret d'État. Le Grand Trianon », *Les Nouvelles littéraires*, 2 juin 1966, p. 11.

BRIAT (René), « L'événement artistique de l'année : Trianon », *Plaisir de France*, n° 338, décembre 1966.

DEMORIANE (Hélène), « Trianon-sous-Bois », *Connaissance des arts*, n° 176, octobre 1966, p. 104-113.

Électriciens de France/Établissements Jules Verger & Delporte, *Trianon*, Nancy, Berger-Levrault, 1968.

« La restauration du Grand Trianon », *La Construction moderne*, n° 3, 1966, p. 50.

« *Le Grand Trianon recouvre* son lustre prestigieux d'hier », *La Journée du bâtiment*, 3 au 9 juin 1966, p. 5.

L'Œil, n° 141, septembre 1966, numéro spécial Versailles.

SAURAT (Marie-France) et LITRAN (Manuel), « La renaissance de Trianon », *Paris Match*, n° 897, 18 juin 1966, p. 65-80.

SCHLUMBERGER (Éveline), « Trianon, la première visite complète tout en couleurs », *Connaissance des arts*, n° 174, août 1966, p. 33-56.

LISTE D'ŒUVRES

—

Archives du château de Versailles
Fonds de l'agence d'architecture, versement 03002, cartons (2) 1937-1970, (2) 1957-1966/1-13, (2) 1961-1978/3
Fonds de la conservation du musée, versement 03001, cartons VF/1-4, VI/2-8, VY/13-15, /18-21

Archives André Holleaux
Notes échangées entre André Malraux et son directeur de cabinet, André Holleaux (1962-1965) : « 22/2 Trianon. Pousser les travaux pour les souverains étrangers…/… », « 22/1 Saltet viendra te voir demain matin à 9 heures à La Lanterne…/… », « À quoi attribuez-vous l'absence de réception officielle sous la IVe République ? »

Archives des Affaires étrangères
Fonds géographique Grande-Bretagne, 28QO/265
Fonds du protocole, 412INVA/707

Archives du Mobilier national
Cartons 1060 et 1061

Archives nationales, sites de Fontainebleau, Paris et Pierrefitte-sur-Seine
Versement 19930083/2 : Loi-programme relative à la restauration de grands monuments historiques no 2 de 1962, *Journal officiel* no 181, 31 juillet 1962
Versement 20070344/216 : Rapport no 68-167 de la Cour des comptes, 20 mai 1967
AG/5(1), Archives de la présidence de la République, général de Gaulle, AG/5(1)/309,/459,/472,/475,/476,/686,/1218,/1394,/1469,/1502,/1531,/1569

Bibliothèque de documentation internationale contemporaine
Charles de Gaulle
La Discorde chez l'ennemi
Imprimé, éd. 1944
S50704

Bibliothèque littéraire Jacques-Doucet
« Intervention à l'Assemblée nationale pour le projet de loi sur la restauration des monuments historiques », 31 décembre 1961 (manuscrit, MLX Ms ep 102 folio 9, 10 et 19)

Bibliothèque municipale de Versailles
François Gébelin et Jean Roubier
Images de Versailles
Imprimé, éd. 1937
Versaillais I 32

Musée de l'Armée
Buste de Charles de Gaulle
Andrei Tyrtyshnikov
Bronze, 2011
Don de la fédération de Russie

Musée de l'Ordre de la Libération
Plaque de grand-croix de l'ordre de l'Éléphant blanc, 2e moitié du XXe siècle
N3600.1

Présidence de la République
Pièces issues des services Capraires, Paysages, Oiseaux, Fleurs et Trianon
Pièces d'argenterie et de verrerie
Pièces du service privé du général de Gaulle
Menu du 1er mars 1969 pour la visite du Président Nixon

Collection Paul-Henri Moisan
Le Camping c'est Trianon, caricature extraite du *Canard Enchaîné*, 8 juin 1966
Les Opérations prestige de Charles le Magnifique, caricature extraite du *Canard Enchaîné*, 3 avril 1963
Le Confort Grand Siècle, caricature extraite du *Canard Enchaîné*, 21 juin 1967

Collection Jean-Maurice Sacré
Menu du déjeuner pour le duc d'Édimbourg du 20 décembre 1966
Menu du déjeuner pour Harold Wilson du 19 juin 1967
Menu du déjeuner pour Harold Wilson du 19 juin 1967

CRÉDITS PHOTOGRAPHIQUES

—

© Akg-images/CDA/Guillemot : p. 40 / Guillot : p. 37, 38, 45, 48, 50-51, 52, 56 / Jean-Claude Varga : p. 24-25. © Archives André Holleaux : p. 19. © Archives du Ministère des Affaires Étrangères et du Développement International : p. 80. © Carte postale. Collection Archives communales de Versailles, 1 Fi 74 / © Léopold Mercier / Roger-Viollet : p. 4. © Centre Pompidou, MNAM-CCI, Dist. RMN-Grand Palais / Gisèle Freund, reproduction de Guy Carrard : p. 17. © Château de Versailles (dist. RMN-Grand Palais) : en quatrième de couverture, p. 20-21, 26, 30-31, 32, 33, 41, 42, 62-63, 70-71, 79 en bas, 82-83 / Christophe Fouin : rabat de clôture, p. 12-13, 29, 35, 46-47, 54, 66, 72, 76, 77 en haut, 77 en bas / Thomas Garnier : rabat d'ouverture. © Christophe Fouin : p. 79 en haut, 81 à gauche, 81 à droite. © Cliché Atelier photographique des Archives nationales, AG//SPH/50-AG//SPH/51 : en couverture /AG/5(1)/SPH/58 : p. 14 / AG/5(1)/1569 : p. 16 / AG/5(1)/1218 : p. 18 / AG/5(1)/SPH/47 : p. 22 / AG/5(1)/1569 : p. 23 / AG/5(1)/SPH/63 : p. 73. © Collection du Mobilier national : p. 28, 58, 59 en bas, 59 en haut, 60-61. © Didier Saulnier : p. 36. © Jean-Claude Deutsch/PARISMATCH/SCOOP : p. 88-89. © Gamma-Rapho/KEYSTONE France : p. 67, 68. © Michel Le Tac/PARISMATCH/SCOOP : p. 84-85, 86. © Paul Slade/PARISMATCH/SCOOP : p. 69. © Richard Jeannelle/Jean-Claude Deutsch/PARISMATCH/SCOOP : p. 91. © Rue des Archives/AGIP : p. 64. © Service photographique de l'Élysée : p. 74.

© ADAGP, Paris, 2016, pour l'œuvre de Roland Moisan : p. 36.
© RMN gestion droit d'auteur/Fonds MCC/IMEC, pour la photographie de Gisèle Freund : p. 17.

Malgré nos efforts, nous n'avons pu identifier tous les auteurs
des photographies d'archives ou leurs ayants droit.
Un compte leur est ouvert à nos éditions.

Établissement public du château, du musée et du domaine national de Versailles

Service des éditions : Jean-Vincent Bacquart, Anne Carasso
Avec le concours de : Christophe Fouin, Thomas Garnier, Didier Saulnier

Éditions Gallimard

Direction éditoriale : Nathalie Bailleux
Édition : Charlotte Écorcheville et Céline Guichard
Directrice artistique : Anne Lagarrigue
Conception graphique : Pascal Guédin
Mise en page : Cécile Joly
Correction des textes : Sandra Pizzo et Jocelyne Moussart
Chef de fabrication : Caroline Artémon
Suivi de fabrication : Marie-Agnès Naturel
Presse : Béatrice Foti assistée de Françoise Issaurat

Photogravure : IGS-CP, l'Isle d'Espagnac
Achevé d'imprimer en juin 2016
sur les presses de Geers Offset, Gand, Belgique

Dépôt légal : juin 2016
ISBN : 978-2-07-019766-8
Numéro d'édition : 305155